用户精细化运营

洞察用户才能占有市场

马仁业 韩博 国宇 马兴彬◎著

中国纺织出版社有限公司

内 容 提 要

用户是企业价值的来源，是企业未来发展的保障，实现与用户从陌生到亲密是品牌或企业用户运营的意义所在。互联网时代，粗放的用户运营模式已经无法满足需求，只有精细化运营才能提升用户黏性。本书以用户运营体系、用户管理体系、用户成长体系、用户激励体系这四大体系为抓手，从运营的底层逻辑、分层策略等顶层设计到拉新、留存、促活、转化的具体方法，系统地介绍了企业或品牌用户运营的方方面面。无论是运营人员还是企业领导者，或是砥砺前行的创业者，读完本书都会对做好用户精细化运营产生新的感悟。

图书在版编目（CIP）数据

用户精细化运营 / 马仁业等著.-- 北京：中国纺织出版社有限公司，2024. 1（2026.1重印）

ISBN 978-7-5229-0974-5

Ⅰ. ①用… Ⅱ. ①马… Ⅲ. ①网络营销 Ⅳ. ①F713. 365. 2

中国国家版本馆CIP数据核字（2023）第166131号

责任编辑：曹炳镝　段子君　于　泽　　责任校对：高　涵
责任印制：储志伟

中国纺织出版社有限公司出版发行
地址：北京市朝阳区百子湾东里 A407 号楼　邮政编码：100124
销售电话：010—67004422　传真：010—87155801
http://www.c-textilep.com
中国纺织出版社天猫旗舰店
官方微博 http://weibo.com/2119887771
天津千鹤文化传播有限公司印刷　各地新华书店经销
2024 年 1 月第 1 版　2026 年 1 月第 5 次印刷
开本：710×1000　1/16　印张：13
字数：160 千字　定价：58.00 元

前言

从陌生走向亲密

中国是互联网发展最快的国家之一，网络用户数量逐年增多。从用户习惯上看，网络早已不只是娱乐方式，还改变了人们的生活方式，生活中的需求能通过网络更快速地得到解决，网络让生活变得更美好，这是所有网络用户的共识。从用户行为上看，网络也不再是单向的输出，而是双向的输出和输入，网络平台上的图文、音频、视频等包罗万象的内容，都由一个又一个用户生产。

个体成为重要的创作单元，与组织（企业）有了同等的话语权，在商业重构中甚至可以超越组织（企业）承担起重要的角色，实现更有突破性的变革式增长。

互联网连接用户的形式一直在变，但互联网产品的本质没有变：更好地为用户连接信息与内容，从而为用户服务。互联网让世界变成了“平”的，在共享经济的加持和资源配置效率的提升下，私域性用户运营的方式正被广泛采用。

用户运营是以人（用户）为中心的系列性运营策略，以寻找用户、贴近用户、引导用户、团结用户为手段的综合性运营模式。在流量红利不断被瓜分、获客成本越来越高的时代，用户运营已经成为企业生存、品牌塑造和产品迭代的最大动力。不进行用户运营或者用户运营不正确的企业，始终与用户处在陌生或半陌生的状态下，用户来了就是顾客，用户走了就是路人。不能与用户建立亲密关系，用户也就不会对企业、品牌和产品产生亲近感，自然也不会出现在亲密关系推动下，主动进行转化、分享、复购、转介绍等关键行为。

用户运营是在搭建运营体系的前提下，对用户进行有效管理，目的是通过持续激励让用户不断成长。本书的四大块内容，从体系上解决了用户运营始终存在的内核与外延不够清晰的问题。

用户运营体系的确立，永远是用户运营的核心，如果用户运营体系不能得到明确架构，后续的工作将难以有效进行。用户管理体系是用户运营的根，树根是否发达、是否扎得深，决定了用户运营这棵树能否生存得好。用户成长体系是用户运营的主干，一棵树的高大挺拔离不开剪枝修正，用户运营这棵树的生长同样需要确立主干的模式。用户激励体系是用户运营的枝叶，丰富的运营方法让用户运营这棵树最终枝繁叶茂。

让企业、品牌、产品和无数用户建立起亲密的关系并不容易，过程中可能会遇到各种各样的问题：

如何有效地对用户运营数据进行分析？

如何获得更具价值的用户真实需求？

如何创建足能代表用户的画像？

如何搭建完善的用户成长系统？

如何用最有效的手段实现最理想的拉新效果？

如何针对不同类型的用户实施对应的促活、留存方案？

如何对流失的用户进行有效找回？

……

用户运营需要正确的理论指导和实践积累，本书将以全面的理论战略、健全的运营体系和详细的论证方法，为大家呈现更深层、更细致、更易上手的用户运营全策略。

改变商业的不是私域，是企业、品牌、产品和用户之间形成的亲密关系。亲密关系会释放新一轮社交红利，私域流量是这轮红利中呈现的第一波浪潮。或许私域很小，但亲密关系所主导的红利却很大。

从用户运营开始，才会建立后续的亲密关系并实现长期陪伴。

马仁业

2023 年 6 月

目录

第一篇　用户运营体系

第二篇 用户管理体系

第三篇 用户成长体系

第一篇
用户运营体系

第一章　用户运营的底层逻辑

与用户做朋友

一直以来就有“先交朋友，后做生意”的说法，因为，人们一直认为朋友关系的生意更能长久。这种观念在当下是否依旧适用呢？

看看一些成功企业提出的口号就知道了——“与用户做朋友”，努力从朋友的位置接近用户的内心，最终占领用户心智。这是很好的策略，拉近了与用户之间的关系，一定会更有利于和用户的互动沟通。当用户真正认可与企业和品牌之间的朋友关系后，一切都变得简单了。

但是，提出口号和实际做到是两回事，所有尝试跟用户做朋友的企业都会发现一个非常现实的问题，即和用户做朋友是一件非常不易的事。用户好像都很善变，前一秒和颜悦色，后一秒就冷若冰霜，昨天把产品“捧上天”，今天就将产品“踩在地”。用户的喜恶就像六月的天，说变就变。于是，一些企业便失去了和用户做朋友的耐心，甚至不再愿意培养与用户间的关系，转而寻求其他发展路径。

如果将用户的“变脸”简单看成用户单方面的原因，就会对“与用户做朋友”的观念产生怀疑，认为企业与用户之间更多是利益对立的关系，无法成为朋友。秉持这种怀疑的企业需要深入思考，为什么有的企业做到了和用户做朋友，这其中有什么秘诀吗？企业究竟该怎样面对与用户的朋友关系呢？本节从三个方面对这个问题进行论述。

1. 关系是双方面的

任何一段关系都由关系之中的双方界定，因此一段关系的好坏，需要关系中的另一方确认后才算数。

比如，甲说："我跟乙关系很好"，在乙回答之前，这只是甲单方面这样认为的，需要乙的确认，如果乙说"是"，那么"甲和乙关系很好"这件事才是成立的，否则就是不成立的。

同理，企业跟用户是不是朋友关系，不仅需要企业认可，更需要用户来确认。但事实上，企业如果只是喊出一句口号"从今往后我们要跟用户做朋友"，或者制定的企业战略中有一句"要和用户成为朋友"，就以为跟用户是朋友关系了。也就是说，不管用户同不同意，"咱们都必须是朋友关系"，如果用户因为没有感受到作为朋友的"被关心"而否定这种"塑料友情"，则企业就将破坏双方关系的责任扣在用户头上，于是就得出了用户"翻脸比翻书还快"的结论。

由此可知，企业在"和用户做朋友"这件事上，绝对不能一厢情愿，因为一厢情愿的结果是只能感动自己，用户只会看着企业自导自演。

2. 关系不在语言上，而在行动上

"喊一千遍我爱你，不如一千人民币"，不是说钱能代表一切，而是强调要落实到实际行动上。

企业既然想跟用户建立"朋友关系"，就要通过日常动作来体现，让用户切切实实感受到来自企业的朋友般的关心与关注。不然只是喊喊口号，练几句嘴把式，用户怎么可能感受得到呢？

某连锁酒店提出口号"把客人当朋友，提供无微不至的服务"，规定：只要客人进到酒店大堂停留，就要奉上一杯茶；住店客人离开时都要给备上一瓶水和一袋零食；每天给客人的客房内更换一束鲜花；客人的要求必须想办法在第一时间实现……

执行这些政策的投入并不大，但都能让客人切实感受到自己是被关怀的，朋友关系就会在“关怀”与“被关怀”中落地。

朋友来家里，应该倒杯水吧；朋友要离开了，应该备一些礼物吧；朋友来做客，也应该端上零食吧。

跟人做朋友，就要尽到朋友的本分，你做到了，朋友才能感受到。如果企业将口号实实在在落地成行动，用户就会把企业当朋友，也会给企业真挚情感的反馈。

3. 不能用“朋友标准”来要求用户

企业可以用“与用户做朋友”的理念来要求自身，以吸引更多用户。但企业不能用“朋友标准”来要求用户，因为用户已经花钱了，无论用户是否把企业当朋友，企业都必须按照标准提供服务和产品。因此，这里不存在不对等关系。

企业期望和用户成为朋友关系，是希望借助这种关系获得更多的利益，而用户是否会因此增加对企业的信任，进而愿意重复购买，这是用户的权利。企业决不能因“用户没有尽到朋友之责支持我”，便不再把用户当朋友，这样就是彻底地输了。

只有明白这一点，企业才能真正理解“与用户做朋友”是对企业自身的要求，而不是对用户的要求。这样做的好处是能够让更多用户增加对企业的信任和信赖，实现商业变现。

当然，企业可以设定某些规则用以筛选出真正把企业当朋友的用户，但这些用户只是少数，是标杆，是旗帜，不能以此要求大多数用户执行同样的标准。

用数据驱动用户运营

用户运营是以用户为中心，制定运营策略与机制，实现获取新用户、留住老用户、保持用户活跃度及转化率的目标。

用户运营必须围绕用户生命周期展开，针对不同阶段的用户进行不同策略的精细化运营。数据为用户运营的决策和操作过程带来三个转变：

（1）用户洞察——从模糊向清晰转变：有了数据的加持，用户标签更全面，用户信息更清晰，运营人员对用户的理解更全面，有利于围绕用户生命全周期制定出更为精准有效的运营策略。

（2）运营决策——从定性向量化转变：基于数据分析做运营决策，可减少对个人经验的依赖，让判断更准确、决策更合理、路径更优化、目标更清晰。有助于在用户运营时消除部门间的意见分歧，协调落实运营工作所需的资源。

（3）运营操作——从粗放向精细转变：数据驱动能实现对运营全过程的数据监测和指标分析，使运营过程的信息分享更充分、信息更透明，对运营过程的效果评估也能更及时和全面。

正是因为数据能给用户运营带来如此多正面的转变和影响，用数据驱动用户运营的方式才被倡导，数据驱动用户运营的作用场景如下：

1. 用数据监测和指挥运营全过程

用户运营监测围绕用户规模、用户质量、用户活性和用户价值四个维度展开。规模与用户数量相关，质量与用户等级相关，活性与用户行为相关，价值与用户消费贡献相关（见图 1–1）。

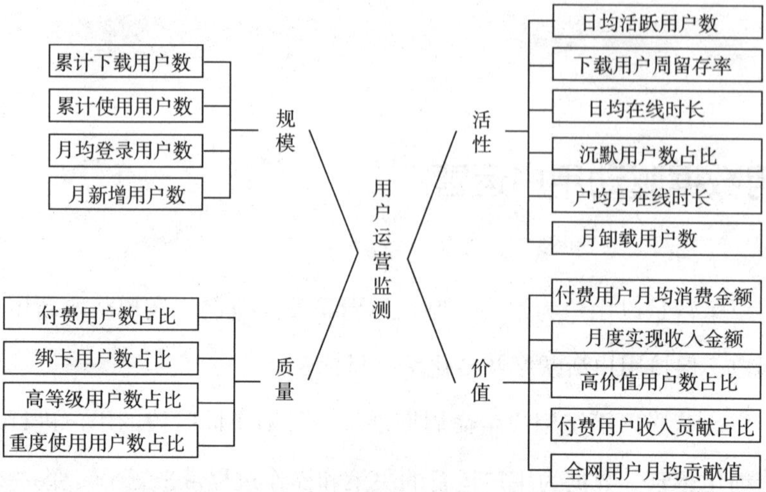

图1–1　用户运营监测

2. 用数据构建标签体系给用户画像

用户标签是对用户特征进行形象化、数字化的勾勒与表达。用户画像是采取标签化的方法对用户进行分析和描绘。

用户标签分为事实标签、模型标签和预测标签，基于标签的用户画像可广泛支持用户运营的多种场景。标签化的用户画像有助于在全面洞察用户特征的基础上制定差异化的运营策略。

3. 用精准营销模型获取更多新用户

精准营销就是为合适的用户匹配合适的产品。基于用户标签的筛选和组合，可以得到符合产品定位的目标用户，再通过合适的渠道进行触达和沟通，就能实现精准营销。

比如，某银行借助用户标签进行“白领贷”这一贷款的营销。其目标用户主要是教师、医生、企事业单位高级管理人员等；信用授信金额为 30 万元、20 万元、15 万元、10 万元、5 万元、3 万元；授信期限最长 5 年，单笔贷款期限不得超过 2 年。

设计筛选目标用户的“三步法模型”：①固定准入用户范围；②排除不符

合产品要求的用户；③优选高质量人群，优先提取营销响应概率较高的人群。

4. 用数据找到激活用户的“兴奋点”

借助数据分析找准沉默用户的触媒习惯和兴趣点，与异业伙伴开展联合营销，通过精准的内容设计与消息推送，可以有效地唤醒这部分用户。

某银行上线了生活福利类的 App，发现部分用户下载 App 后就“休眠”了，既不卸载，也不使用，最长的“休眠”时间已经超过一年半了。通过对后台数据的分析，沉默用户的触媒习惯被整理出来，沉默用户中有 27.5% 每天基本都会打开哔哩哔哩、爱奇艺等视频网站；有 21.9% 每天基本会打开 PP 体育、直播吧等体育网站；有 14.7% 每天基本会打开抖音、快手等短视频网站；有 13.3% 每天基本会打开喜马拉雅 FM、蜻蜓 FM 等在线听书网站等。

于是，该银行联合哔哩哔哩、爱奇艺、PP 体育、直播吧、抖音、快手、喜马拉雅 FM、蜻蜓 FM 等公司进行跨界营销合作，推出使用 App 尊享优惠活动，对沉默用户进行定向消息推送。经过一段时间的运营后，沉默用户中的 34% 被激活唤醒了。

分类分层的精细化运营

由于客户需求具有差异性，不能用一种运营交付策略去应对所有客户，必须要根据具体情况将用户分层，进行精细化运营，才能提升整体运营效率。

用户运营的价值体现在实现用户的续费和增值购买，用户运营的目的则是要提升用户的续费率以及增值付费的规模。

用户付费符合“二八定律”，即 20% 的用户贡献了 80% 的销售额，因此必须对这 20% 的头部用户给予全力服务，将服务资源向这部分用户倾斜，确保头部用户的价值贡献率。同时，尽可能通过服务确保剩余 80% 用户的价值潜力得到开发，将用户价值最大化。

可见，用户运营的前提是明确哪些用户需要权利运营支持，哪些用户只需要标准作业程序（Standard Operation Procedure,SOP）推动即可。

用户分层时需要根据一定的标准，各行业、各企业都有不同，在此不作具体划分。但无论是怎样的标准都离不开用户价值，也就是说，用户分层的核心依据是用户价值。以 TO B 企业为例，用户会因为价值贡献的不同被分为四个层级：S 级、A 级、B 级和 C 级。其中，A 级和 B 级用户占据企业服务用户数量的比重最大，因此，划分的模型犹如水滴状，两头窄、中间宽（见图 1-2）。

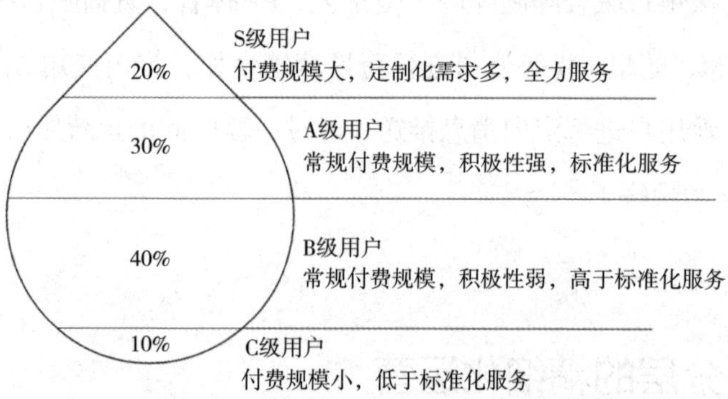

图1-2　TO B 企业用户分层策略

（1）S 级客户：一般占比 10% ~ 20%，这部分用户贡献的销售额通常会超过全年营收的一半，因此必须调动一切可调动的资源全力满足这部分用户的需求。此外，还要注意解决好这部分用户的定制化服务需求。

（2）A 级客户：一般占比 25% ~ 35%，相较于 S 级用户，这部分用户的销售额贡献稍小，但也是需要重点运营的用户。因为这部分用户的积极性更强，配合度较高，对于运营人员而言，这是一类服务压力较小的用户群体。针对这部分客户，只需要按照标准化的客户服务流程进行标准化服务即可。

（3）B 级客户：一般占比 35% ~ 45%，这部分用户的销售额贡献与 A 级用户不相上下，但积极性较弱，配合度较低，整体服务落地难度较大。针对这部分用户，需要给予高于标准化的服务，运营人员需要努力探寻他们的实际业务问题，为不同的问题类型提供相应的解决方案，以此赢得这部分用户的信赖，提升他们的积极性。

（4）C 级客户：一般占比 10% ~ 20%，这类用户的销售额贡献最低，通常因为其不具有更大规模付费的能力，增值服务的开展相对困难。针对这部分用户，进行低于标准化的服务即可，只需同时关注有培育价值的用户，挖掘其潜在业务价值。

对于运营人员而言，必须根据用户的实际情况，结合用户运营策略，进行精准到位的用户精细化运营，为用户提供完善且令其满意的服务解决方案。

运营机制产品化

庞大的用户数量决定了运营人员无法面向每个用户进行一对一的沟通交流，通过将运营机制产品化，可以实现对不同用户的精准触达，以达到对用户行为的引导与激励。

运营的价值在于根据一定的条件将繁杂的工作变成可迭代、可复用的机制和体系。运营机制产品化是将一系列人为的动作路径或常规需求转变成标准化、模式化的实现路径，最大范围内输出运营价值。那么，运营机制产品化的基础和条件是什么？具体执行流程又是什么？

很多时候并不是运营人员制定的策略有问题，而是策略的触达层出现了问题。比如，制作内容运营的排期表，传统方法是在表中注明每个内容的上线时间、更新规律、会员权益等。但若将每个部分都制作一个表，效率是很低的，且在后期查看时也容易混乱，将直接降低用户触达的准确率和覆盖面。

以运营机制产品化来解决这个问题就容易多了。先梳理出运营机制的产品化需求，仍以内容运营排期表为例，可列出以下三项：

（1）所有项目的排期表和每个项目排期表都可查。

（2）会员排期和非会员排期做区分，不同内容项目之间做区分。

（3）可以按每日更新时间排序，也可以按优先级排序（录入时填写优先级维度，如预期效果、转化率、实际效果等）。

这个例子是初级的运营机制产品化过程，只列出了每场内容的上线时间，实际操作中还会增加产品需求的承载，如上线提醒、操作权限设置等，整体会更加丰富（见表 1–1）。

表1–1　运营机制产品化后的排期表

2022年11月7日～13日	周一	周二	周三	周四	周五	周六	周日
	11月7日	11月8日	11月9日	11月10日	11月11日	11月12日	11月13日
10：00	A内容 1–全	A内容 2–全	A内容 3–全	A内容 4–全	A内容 5–全	A内容 6–全	A内容 7–全
12：00	B内容 1–V	B内容 2–V	B内容 3–V	B内容 4–V	B内容 5–V	B内容 6–V	B内容 7–V
						B内容 1–非	B内容 2–非
	B内容 3–非	B内容 4–非	B内容 5–非	B内容 6–非	B内容 7–非		
				C内容 1～3–V	C内容 4～6–V		

续表

2022年11月7日~13日	周一	周二	周三	周四	周五	周六	周日
	11月7日	11月8日	11月9日	11月10日	11月11日	11月12日	11月13日
16：00		C内容 1–非	C内容 2–非	C内容 3–非	C内容 4–非	C内容 5–非	C内容 6–非
	D内容 1~3–V		D内容 4~6–V				
			E内容 1、2–V	E内容 3、4–V	E内容 5、6–V	E内容 7、8–V	E内容 9、10–V
	E内容 1、2–非	E内容 3、4–非	E内容 5、6–非	E内容 7、8–非	E内容 9、10–非		
20：00	D内容 1–非	D内容 2–非	D内容 3–非	D内容 4–非	D内容 5–非	D内容 6–非	
	F内容 1、2–V	F内容 3、4–V	F内容 5、6–V	F内容 7、8–V	F内容 9、10–V	F内容 11、12–V	F内容 13、14–V
	F内容 1、2–非	F内容 3、4–非	F内容 5、6–非	F内容 7、8–非	F内容 9、10–非	F内容 11、12–非	F内容 13、14–非
22：00					G内容 1~5–V	G内容 6~10–V	
						G内容 1~5–非	G内容 6~10–非

注 表中的“全”代表全体用户；“V”代表 VIP 用户；“非”代表非 VIP 用户。

能够产品化的运营流程，通常具有一定的规律性，运营人员要做的就是在核心逻辑中梳理出有效的需求框架。

运营机制产品化就是对路径的拆解和对具有共性路径的提炼，因此必须考虑可实现性。如果拆解过细、考虑的可能性过多，就会影响产品化的效果。

运营机制产品化也是一个持续演进的过程，最初只需实现最核心、最优先的功能，然后不断去补充新的产品功能。因此，在进行产品化时需要提炼最短的实现路径，让结果更好，流程更高效。

用户运营架构与系统实现

在运营体系中，用户是非常重要的因素。有了用户才有流量与数据，产品才真正具有了生命。可以说，用户是产品的灵魂与血肉，用户运营过程中，如何获得更多的用户呢？答案是构建一套完善的用户运营架构。

用户运营架构系统构建的过程是为了更好地了解用户，并由此不断优化产品。一套完整的用户运营架构应如何搭建呢？可以分为以下三个环节。

1. 界定用户关键行为

任何一款产品运营过程中都存在着一个或多个用户关键行为。在用户管理体系中，用户关键行为的发生是用户所有行为的综合反映；在用户成长体系中，用户关键行为的出现是用户成长的转折点。用户关键行为的发生概率代表着用户对产品的认可程度，关键行为越多，说明用户对产品的认可程度越高，因此，用户关键行为在一定程度上决定了产品价值。

很多用户运营人员将用户关键行为与关键绩效指标（Key Performance Indicator，KPI）画等号，但事实上是，用户关键行为只是对 KPI 影响较大的一个因素而已。比如，商品交易总额（Gross Merchandise Volume，GMV）是电商平台最关心的 KPI 指标，而 GMV 和用户的订单数以及订单金额高度相关，那么，用户下单就可以作为最关键的用户行为。

只有界定了用户关键行为，才能明确运营架构的整体构建方向，用户关键行为是运营架构构建的基础环节。

2. 制定用户运营策略

当通过各种运营手段为产品拉来一批新用户后，就需要对这些新用户进行引导，以确保关键行为的发生。因此，用户运营策略是运营架构中最核心的环节，如果没有一个稳定可靠的用户运营策略，用户关键行为就不会发生，用户增长也就不会发生。

用户运营策略包括以下三个方面：

（1）做好新手引导。当界定用户关键行为后，就要在新手引导流程上确保关键行为的发生。比如，某网站界定用户关键行为是“下单”，比较合理的用户引导设计应是，在用户加购物车后弹出一个满减礼包，鼓励用户进行下单付款的关键行为。

（2）搭建用户成长体系。目标是让用户“自愿”完成我们为其设计的预设动作，这个工作可能是关键行为的发生，也可能是深度体验产品的行为。并非所有产品都需要用户成长体系，一些需求极其强烈的必须性产品（如常用的社交软件等），不需要搭建成长体系去激励用户，用户就会主动成长。而一些高频的、需求没那么强烈的产品（如购物平台等），更适合搭建用户成长体系，去激励用户参与成长。一般用户成长体系的搭建都会采取“游戏化”设计，即让用户完成一些任务，并相应地给用户一些刺激，如新手任务、常规任务或非常规任务等，用户在任务的刺激下，不断实现自我成长。

（3）召回流失用户。无论任何产品，用户都符合生命周期规律，因此必然会产生用户流失。要想挽回一个即将流失的用户，难度比增加一个新用户要小，但要想挽回一个彻底流失的用户，难度就非常大了。因此，要建立用户流失预警机制，明确用户流失前的“症状”，分析这些“症状”出现的原因，及时对将流失用户进行特殊关照，尽可能挽回用户。

3. 打造用户增长策略

解决流量如何获取的问题，是运营架构系统构建的关键环节，因为再完美的运营架构也必须在获取一定的流量后才能运转下去。

在一款相对成熟的互联网产品中，往往都是付费增长策略与免费增长策略并轨前行的，好让用户增长的速度加快。增长策略分为以下两种：

（1）产品化增长策略。融入产品内部设计中的增长策略，属于用户的自发行为。比如，大部分知识付费产品都会在产品中融入拼团和分销的设计，用户可以和好友拼团报名某课程，还可以充当分销员，在成功分销一名新用户后，得到一定的奖励。

（2）外部增长策略。一款比较成熟的产品，需要运营人员通过各种方式去外部获取流量，一方面可提升产品的知名度，另一方面可维持产品本身的新陈代谢。主要方式包括增长活动、渠道投放、营销时间策略等。

总的来说，用户运营架构的建立，最主要是将一些抽象的用户关键行为拆解为具体的执行标准，以明确运营方向。在形成系统的运营思维体系后，当遇到陌生领域时，也能用这一套运营架构去快速熟悉领域。因此，在运营成长的道路上，要更多锻炼用户运营架构的搭建能力，并提升使其系统实现的综合能力。

第二章　用户运营的数据分析

用户数据源类型

用户数据源主要分为两大类：用户属性类数据（客观数据）和用户行为类数据（主观数据）。

用户属性类数据有两个来源：①设备自有的客观被动信息（如设备型号、应用版本、地理位置等）；②用户主动登记的信息（如产品交互中提示用户选择的个人登记信息）。

用户行为类数据则多为运营人员提出需求，由研发人员进行埋点（标记用户交互行为），在用户发生交互行为后，统计点击或其他交互数据得到的。

和原始的数据记录方式相比，互联网时代收集数据变得非常容易，运营人员要担心的不是数据来源问题，而是如何分析数据，并依据分析结果进行运营操作。各类数据因为来源不同，分析的场景也会不同。

1. 用户属性类数据

（1）自然属性数据：是一个自然人的基本属性。常用参数包括：性别、年龄、地域、学历、职业、兴趣、婚姻状况、子女状况等。不同产品所关注的点在这些自然属性里都有迹可循，例如，目标用户是年轻人，可以通过年龄属性看到产品目前的年龄层占比情况；若目标用户是“宝妈”，可以通过婚姻状况和子女状况判断这部分用户的占比情况。

（2）商业属性数据：可以帮助运营人员确定是什么样的人在使用产品，以及有多少用户可能在产品上进行消费。常用参数包括：收入情况、消费意向、消费周期、消费频次等。

（3）垂直属性数据：与自然属性数据和商业属性数据的通用性不同，垂直属性数据只专属于产品自身。常用参数（以旅游产品为例）包括：旅游频次、旅游预算、去过的国家、想去的国家等。

（4）标签属性数据：是运营本身赋予用户的一种属性，是在产品初期用户行为数据还不够丰富时，分析用户的关键数据。常用参数包括：新人、低频用户、活跃用户、高频用户、VIP 用户等。例如，在用户开始接触产品或使用产品，且产生了第一条数据后，运营就可以赋予该用户第一个标签——新人。随着用户与产品接触的进一步深入，用户的标签也将随之变化。

2. 用户行为类数据

（1）行为类型数据：可以帮助运营人员准确定位产品使用过程中，最受用户关注的内容和服务。常用参数（以线上产品为例）包括：浏览、点击、搜索、关注、收藏、点赞、评论、追评、分享等。在进行数据分析时，可为以上行为参数设置不一样的权重值，例如，浏览、点击、搜索属于基础用户行为，权重值设置为 1；关注、收藏、点赞属于较深用户行为，权重值设置为 2；评论、追评、分享属于深度用户行为，权重值设置为 3。再将用户在产品中的具体行为结合权重值进行关联计算，得出某个群体的用户特征。

（2）行为来源数据：帮助运营人员分析从不同渠道招募的用户是否有共同特征或特殊偏好。常用参数（以线上产品为例）包括：首页、活动页、公众号、邀请链接、短视频推荐等。一个产品往往有多种用户渠道，行为来源将用户的每一个行为做好标注，进行进一步的行为关联。例如，以用户 ID 为核心，从来源到属性再到行为进行关联，并根据产品实际情况设定不同的权重（将用户在产品中最核心的交互点的权重值设置为最高），通过筛选可以迅速找到最活跃的核心用户群。

埋点统计，获得更有针对性数据

进行用户运营，必须最大限度获取用户数据。数据具有普通类型和特殊类型之分，普通类型数据可以借助常规工具日常收集，工具一般有百度统计、百度指数、社群空间、七星 SCRM 等。特殊类型数据则需要采取特殊的方法，在此推荐埋点统计法，这是一种私有化的设置代码的数据采集方式，可以帮助运营人员定义和获取关键性用户数据。

数据埋点是针对特定的用户行为进行数据埋点式捕获、处理和发送的相关技术或实施过程。通常分为三种方式：

（1）初级数据埋点：针对产品流程中的一些关键点设置统计代码，以追踪用户登录后的行为，统计用户在使用产品的过程中的关键点数据。因为用户 ID 具有独立性，每个用户的数据便具有了唯一性。

（2）中级数据埋点：在产品中设置多段代码，以收集用户在平台上的系列行为数据。因为事件具有独立性，通过建立用户模型来了解用户在使用产品过程中的系列行为也具有独立性，不与其他事件混合。

（3）高级数据埋点：与研发团队合作，在产品中设置全能型代码，以采集用户的全部数据，利用埋点后得到的数据对用户行为轨迹和真实需求进行全面分析，建立完善的用户画像，并优化产品。

在不同情况下，即便面对同一事件运营人员考虑的角度和关注的数据也存在差异，运营的目的也不相同。若是以促进产品使用流程和体验优化为目的，可面向产品运营领域进行分析；若是以拓展产品推广渠道和提升投放广告的效果为目的，可面向数字营销领域进行分析。针对不同的情况和分析目的，应制定不同的埋点方案。

数据埋点是一项全面、准确、灵活又有张力的工作，故必须全面了解以下内容：

1. 埋点内容

可依据产品的内部和外部分为两种情况：

（1）产品内部埋点：通过分析用户使用产品时的流程来改进、迭代产品，增加用户对产品的黏合度。

（2）外部市场埋点：用于分析用户使用产品的场景及产品的推广情况，如不同地域的用户使用时间的长短，再如产品在不同销售渠道的激活量等。

做数据埋点不可能一步到位，应进行分批次埋入。首次埋点的时机可在产品首次发布时，设置电脑端后台服务器统计产品的访问量（Page View，PV）和独立访客（Unique Visitor，UV），以及使用流程之间的转化率和活跃度等。二次埋点的时机可选择在产品发布后，从中发现问题、分析问题并解决问题。

某企业通过第一次埋点统计出网站首页的访问量很高，但最终注册的用户很少，此时应分析用户在产品首页的数据和用户在注册页的数据。发现访问的用户中，有 28.8% 在访问首页后离开，余下 71.2% 的用户转入注册地，但最终完成注册的只有 12.4% 的用户。这就说明产品的注册流程出现了问题，但仍需要具体分析原因，便可以在注册流程中设置第二次数据埋点，比较注册流程中各个步骤的转化率，找到注册过程中存在的问题排序，并据此制订解决方案。

2. 埋点方式

根据埋入的方式分为两种类型：

（1）直接埋入：研发人员在设计产品时植入相关代码，并建立起相应的数据统计后台。

（2）间接埋入：通过第三方统计工具进行埋点，如百度统计、七星SCRM等。

3. 分析方法

根据不同的工作模式分为两种类型：

（1）任务流程分析法：在用户使用产品的整个流程的开始与结束的地方设置埋点，分析用户使用产品的情况。

（2）页面转化分析法：收集用户对于产品各页面上的各模块的点击率及页面之间的转化率，分析用户在产品页面上的行为情况。

分析数据的分布情况

分析数据的分布情况，是对所有变量的数据进行集中趋势分析，常用的指标有中位数和平均数。

中位数是将一组数据排序后，其位置处于正中间的数。如果是偶数长度的数据，则中位数取最中间两个数值的算数平均数（见图 2-1）。

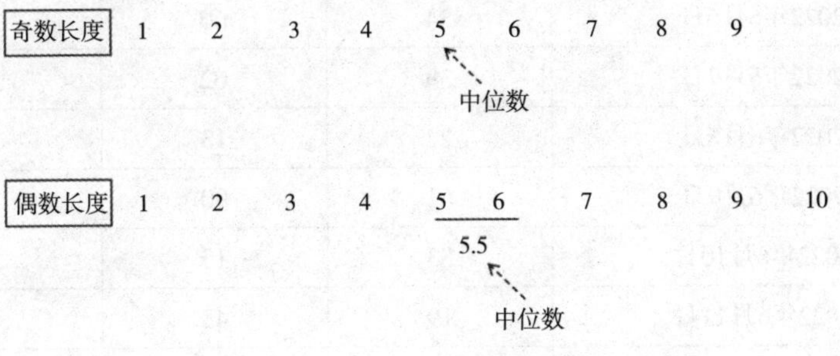

图2-1　奇数长度数据和偶数长度数据的中位数

平均数是统计学中最常用的指标，也是描述数据集中程度的指标，常用的平均数包括算术平均数和几何平均数。

中位数和平均数通常结合使用，通过比较相互间的大小关系，判断数据的分布是偏大还是偏小。对于同一组数据，中位数和平均数的对比情况如下：

（1）中位数大于平均数——整体数据中偏小的居多或有小数值的影响，降低了整体均值。

（2）中位数小于平均数——整体数据中偏大的居多或有大数值的影响，抬高了整体均值。

下面结合具体案例，看一看中位数和平均数如何在实践中应用。

某运营团队正在分析三个渠道的新增用户情况，但因为三个渠道的累计新增用户数完全一样，通过考察累计新增用户数已无法深入分析（见表 2–1）。

表2–1　三个渠道的每日新增用户数

统计数据	渠道A/人	渠道B/人	渠道C/人
2022年6月1日	58	22	36
2022年6月2日	11	39	28
2022年6月3日	44	16	50
2022年6月4日	67	20	40
2022年6月5日	6	46	44
2022年6月6日	34	60	27
2022年6月7日	39	62	53
2022年6月8日	22	13	38
2022年6月9日	61	90	35
2022年6月10日	83	15	58
2022年6月11日	19	43	41
2022年6月12日	32	41	25
2022年6月13日	57	10	29

续表

统计数据	渠道A/人	渠道B/人	渠道C/人
2022年6月14日	17	48	49
2022年6月15日	20	45	17
累计用户数	570	570	570

改变分析方法，从三个渠道的每日平均新增用户数和新增用户的中位数进行对比，便可以得出不一样的结论（见表 2–2）。

表2–2　三个渠道的每日新增用户数的中位数和平均数

统计数据	渠道A/人	渠道B/人	渠道C/人
2022年6月1日	58	22	36
2022年6月2日	11	39	28
2022年6月3日	44	16	50
2022年6月4日	67	20	40
2022年6月5日	6	46	44
2022年6月6日	34	60	27
2022年6月7日	39	62	53
2022年6月8日	22	13	38
2022年6月9日	61	90	35
2022年6月10日	83	15	58
2022年6月11日	19	43	41
2022年6月12日	32	41	25
2022年6月13日	57	10	29
2022年6月14日	17	48	49
2022年6月15日	20	45	17
累计用户数	570	570	570
中位数	34	41	38
平均数	38	38	38

渠道 A 的平均新增用户数为 38，每日新增用户数中位数为 34，即中位数小于平均数，意味着渠道 A 的每日平均新增用户数偏高的居多，可能是因

为渠道 A 的获客能力较强。但是，目前三个渠道的累计新增用户数一致，说明渠道 A 的获客能力并不比渠道 B 和渠道 C 强，则可推断出渠道 A 的某些日期的新增用户数降幅明显。现实情况是，6 月 5 日的新增用户数只有 6，因此需要进一步分析是什么原因导致当日的新增用户数过少。

渠道 B 的平均新增用户数为 38，每日新增用户数中位数为 41，即中位数大于平均数，意味着渠道 B 的每日平均新增用户数偏低的居多，可能是因为渠道 B 的获客能力较弱。但是，目前三个渠道的累计新增用户数一致，说明渠道 B 的获客能力并不比渠道 A 和渠道 C 弱，则可推断出渠道 B 的某些日期的新增用户数涨幅明显。显示情况是，6 月 9 日的新增用户数达到 90，因此需要进一步分析是什么原因导致当日的新增用户数激增。

渠道 C 的平均新增用户数为 38，每日新增用户数中位数也是 38，即中位数等于平均数，意味着渠道 C 的每日平均新增用户数比较均衡。显示情况是，最高的每日新增用户数是 58，最少的每日新增用户数是 17，波动并不剧烈。

分析数据的离散程度

分析数据的离散程度，就是分析所有变量的数据的离散和波动情况，常用的指标有方差和标准差。

方差是数据的离散程度，表示每个样本值与全体样本值平均数之差的平方值的平均数。

标准差是方差的开方值。

方差和标准差代表了业务指标的波动情况，即业务稳定性的高低，也即业务经营风险的大小。方差和标准差可以将微小的变化明显放大，更直观地观察到业务的经营风险。具体业务含义如下：

（1）当方差和标准差变大时，则指标波动变大，业务稳定性降低，业务经营风险升高。

（2）当方差和标准差变小时，则指标波动变小，业务稳定性升高，业务经营风险降低。

由于在实际运用中，方差的数值可能会非常大，不便于数据分析，因此常用开方后的方差，即标准差代替。

下面结合具体案例，看一看方差和标准差如何在实践中应用。

某运营团队正在分析三个渠道的新增用户情况，但因为三个渠道的累计新增用户数完全一样，通过考察累计新增用户数已无法深入分析，便决定考察每日新增用户数的方差（见表2–3）。

表2–3　三个渠道的每日新增用户数的方差

统计数据	渠道A/人	渠道B/人	渠道C/人
2022年6月1日	58	22	36
2022年6月2日	11	39	28
2022年6月3日	44	16	50
2022年6月4日	67	20	40
2022年6月5日	6	46	44
2022年6月6日	34	60	27
2022年6月7日	39	62	53
2022年6月8日	22	13	38
2022年6月9日	61	90	35
2022年6月10日	83	15	58
2022年6月11日	19	43	41
2022年6月12日	32	41	25
2022年6月13日	57	10	29

续表

统计数据	渠道A/人	渠道B/人	渠道C/人
2022年6月14日	17	48	49
2022年6月15日	20	45	17
累计用户数	570	570	570
中位数	34	41	38
平均数	38	38	38
方差	492	467.6	≈124.27
标准差	≈22.181	≈21.624	≈11.148

表 2–3 中的方差计算过程（以渠道 A 为例）是：①计算每一日的用户新增数与平均新增用户数（38）的差值的平方值。例如 2022 年 6 月 1 日的用户新增数为 58，与平均新增用户数 38 之间的差是 20，20 的平方是 400；再如 2022 年 6 月 2 日的用户新增数为 11，与平均新增用户数 38 之间的差是 –27，–27 的平方是 729；以此类推；②将所有计算得出的每日用户新增数与平均新增用数（38）的差值的平方值相加，得到数值 7380，再用 7380 除以 15（从 2022 年 6 月 1 日至 2022 年 6 月 15 日，共计 15 天），得到数值 492 就是方差。

通过表 2–3 的方差和标准差的数值可知，渠道 A 每日新增用户数的方差和标准差最大。可以认为在三个渠道中，渠道 A 的获客能力波动最大，业务稳定性最差，后续经营风险最高。渠道 B 只比渠道 A 的方差和标准差的数值低一点，获客能力的波动、业务稳定性和后续经营风险也不低。接下来需要更多地关注渠道 A 和渠道 B 的运营情况。而渠道 C 的方差和标准差的数值最小，获客能力波动较小，业务稳定性高，说明后续经营风险最小。

第三章　用户运营的日常工作

打造百亿流量超级 IP

随着传统拓客方式日渐失重，互联网互通新媒体打造超级 IP 必将成为未来的核心驱动力。

在视频号新时代，新媒体 IP 打造分为四种：平台系统化运营顶流操盘手（权威领袖）、落地品牌运营课程打造者（专业能力）、解除品牌方运营痛点的社交新零售模式设计者（模式设计咨询）、个体团体实体创业者（合伙人与老板思维）。

随着互联网的发展，无论是社会组织、企业，还是个人，都感受到线上业务的重要性，个人 IP 已经成为一种社交货币和新兴名片。那么，如何打造百亿流量超级 IP 呢？

个人 IP 可以简单地理解为个人在线上的品牌资产，通过不同方式变现，形成交易闭环。比如，各种自媒体关键意见领袖（Key Opinion Leader，KOL）、直播主播，被认为是有个人 IP 的。其实，再小的个体，也有自己的品牌，也能形成自己的 IP。

现在大家提起 IP，必谈起“人设”，但绝非“硬凹人设”，因为按照设定的剧本去表演一定是别扭的，是会“翻车”的。人设必须是个人身上实际存在的某种特质，能够让别人看到这些与众不同的闪光点。因此，打造个人IP是挖掘“与众不同”，而非“编故事”。

在信息爆炸的时代，酒香也怕巷子深，在“人人IP”的现实状况下，企业产品需要宣传，个人品牌也需要推广。加之在视频直播等新营销场景下，个人IP的打造显得越发必要。有品牌的人能获得更多的资源、信任、担保机制和合作势能。在碎片化、圈层化的加持下，再小的个人IP，也能发挥自己的作用，形成自己的小圈层，实现一定的促销作用。因此，打造IP的最初阶段不怕IP小，而怕不说，因为不主动告诉别人，就没有人知道。

当然，大家都知道说出来的好处，但关键是不知道该如何说。很多企业创始人说：“我有价值，我也能为别人提供很多有价值的东西，就是不知道怎么宣传。”这个“不知道”可能源于多种原因，或者对未来没有信心，或者因为打造个人IP的高调作风与自身低调性格不符，或者因为对自媒体不感冒，或者因为不擅长拍视频上镜，或者认为只需要做好产品就可以了……

请记住打造个人品牌的核心是四个字“利他利己”，即以帮助别人的方式来帮助自己，以成就别人的方式成就自己。你越无私，得到的就越多；你越帮助别人、给别人好处，自己得到的好处就越大。

一个企业存在的本质是为社会解决问题，个人品牌的本质也是一样，解决问题是根本。作为企业领导者要考虑为企业定位，即企业应承担什么社会责任，解决什么问题，以此找准企业发力的领域。比如，你是一家软件服务行业平台的创始人，企业的定位不应该是卖什么品项，而是帮助品牌方、实体店和厂家供应链解决四大运营痛点：拓客难题、现金流难题、招募代理商加盟合伙人难题、快速盈利难题。

建立“解决问题的思维”，你将不再受局限，会有很多方向。对于企业创始人而言，如何构建数字化新商业时代的创始人IP，将决定企业的未来！

建立私域用户流量池

私域流量是相对于公域流量的概念，是指不用付费，可以在任意时间、经任意频次，直接触达用户的渠道，比如用户群、微信号、互动圈子等，也就是关键意见消费者（Key Opinion Consumer，KOC）可以直接辐射到的圈层。

某位用户每天都浏览抖音平台的短视频，并在这一过程中关注了一些茶饮类视频主播。一天，他发现最关注的那位主播开启了一个活动，只要参与活动就能以三折的价格获得一套心仪已久的茶具。于是，他按照主播视频里的引导，一步步加到了主播的微信。主播将他拉进粉丝群，规定先按原价购买茶具，收到商品后的一个月内，每天连续发表一篇符合规定的推广内容（字数达到要求且附有一定数量的图片），就可以返回购买价格的十分之七。

这位用户先按原价购买了茶具，并按规定每天发一篇推广内容，在这个过程中他逐渐找到了摄影发文的乐趣。一个月后，返款到账。此后，他也经常与主播在微信群和朋友圈互动，久而久之产生了一定的信任度和亲密感，对于主播在其他活动期间推荐的其他产品（不限于茶品类）也很乐于购买。

后来他更换了工作，空闲时间减少了，也不怎么关注抖音了，但会时常到这位主播的微信群里浏览新品，购买自己需要或心仪的产品（不限于茶品类），还经常为主播转发商品活动信息获取优惠。

上面这个案例涉及公域流量场景和私域流量场景，可以在私域流量运营闭环中找到一一对应的关键点：抖音对应着公域，未添加主播微信的用户属于公域流量；个人微信对应着私域，通过主播引流加入主播微信群后的用户属于私域流量。与这位用户一样经过相同路径加入主播微信群的同类用户，就称为私域流量池。

私域流量池并不是用来获取流量的，而是用来做流量转化的。通过更便捷、更低成本的触达和运营，使流量转化为价值收益。

之所以要建立私域流量池，是因为当今市场竞争激烈，仅靠公域营销推广的获客成本高、效率低，所以企业的获客模式应采取公私域结合且以私域为主的方式。

私域流量就是自己的流量，因为是自己的，所以付出的运营成本也相对更低。那么，应该借助哪些平台发展私域流量池呢？

（1）社区平台：以加入或影响社区成员展示产品或服务，达到营销的目的。如小区社区群、团长分销团队等小规模平台。例如，某连锁超市先在各城市的核心位置小区建立起社区社群“团长”机制，再通过“团长”把营销活动向各社区的业主宣传。

（2）自媒体平台：以分享身边喜闻乐见的事情和大众新闻吸引用户关注，积累粉丝数量，开展私域营销。如抖音、快手、微信公众号、微博号、头条号等网络社区平台。例如，抖音的一些生活搞笑类知名网红，就是以生活搞笑视频为切入点，不断累积粉丝，再通过直播带货或日常商品广告实现营销变现。

（3）商家专属平台：整合已有资源，把用户放在指定私域流量池内统一管理。如社群、会员系统、小程序商城、客户号码包等商家专属平台。以商家小程序商城为例，某美发店开业前，先用微信朋友圈广告针对门店周边 3 公里范围内的目标用户投放广告，以 9.9 元 / 次的剪发特价优惠迅速曝光新门店，吸引顾客到店。顾客到店后，再以领取优惠的方式引导顾客在商家小程序上注册成为门店会员，通过小程序的会员管理系统，定期给会员发送优惠或剪发通知，引导顾客消费。

相对于公域流量，私域流量营销最大的优势在于跟用户的距离更近，可以更容易引导用户消费。建立私域用户流量池，有如下四个基础逻辑必须弄通。

（1）研究用户画像，深刻了解用户。

（2）用户在哪个场景或者哪个平台能够触达产品信息。

（3）大力投放广告，明确以什么样的品牌调性、品牌 IP 和品牌内容，在什么样的设定场景里触达用户。

（4）要做好用户大量到来的准备，承接方式不在线下，而在线上，即用什么样的聊天工具去承接用户流量。

只要掌握了以上四个关键点，就可以顺利地建立用户流量池。且四个环节缺一不可，只有逻辑全部弄通，才能建立可良性发展的私域用户流量池（见图 3–1）。

知道用户长什么样子

知道用户在哪里

知道品牌/产品要找什么样的用户（在什么样的场景去触达用户）

知道被吸引过来的用户在什么样的聊天工具上跟品牌/产品产生黏性和互动

图3–1 建立私域流量的四个基础逻辑

做私域流量营销并不容易，并不是找到了最合适的平台就能建立有质量的私域流量池，有时候营销的过程中不知不觉就掉入“坑”里。下面介绍私域运营过程中最易踏入的三个“大坑”，仅供参考：

第一个坑——缺少定位

很多不具有私域流量营销经验的企业 / 品牌，很容易陷入盲目从众的陷阱里，看到市场上流行什么，自己就做什么，导致运营效果很差，又找不到改正的突破口。自认为做得都很好，别人怎么做的，自己照搬且努力做到更好，为什么就不行呢?

私域流量营销的起步期非常重要，关乎着后续私域流量池能否成功建立。私域运营起步是否顺利，关键在于方向的选择是否符合当下的实际情况。每个企业/品牌/产品的情况都不相同，优劣势也不相同，需要具体情况具体分析，才能做到扬长避短，切中主题。

某美食领域知名博主通过公众号定期向粉丝推送美食推文，实现引流到店。非知名博主的小商家就不能使用这个方法，因为知名博主有运营团队，已经通过各种营销方式拥有了庞大粉丝群，且各种应急经验丰富，不是小商家一朝就能模仿的。

第二个坑——缺少变化

营销渠道和营销手段单一是很多企业/品牌获客量不足的主要原因。每个平台都有自己的用户群，不可能通过单一平台就对所有用户进行广告推销；各类用户的偏好和对广告的接受程度也不一样，不可能通过一种营销方式就能让所有用户都接受。

更关键的因素在于，市场是不断变化的，市场中的所有变量都是在不断变化的，企业/品牌/产品在市场中绝无可能一劳永逸，必须随时整合各种变化着的资源，重新黏合，应对变化。

第三个坑——缺少维护

"打江山容易，守江山难"，在用户开发方面，有各种方式可以实现用户引流，但用户来了不等于不会走，如果不能减少用户流失，私域流量池就不可能建立起来，企业/品牌将永远徘徊在获得用户和流失用户的无限循环中。为了不断充实私域流量池，企业/品牌的获客成本将居高不下，但取得的效果并不好。

因此，必须要对用户加以维护，通过产品、服务、管理方式和客情维护等各种方式，同用户建立长期关系，让用户来了就不想离开。

想做好私域营销，还必须做到“开源节流”，需要合理把控三个方面。

（1）找准最适合的开源渠道。最合适的不等于最昂贵的或者最华丽的。企业 / 品牌需要先分析自身拥有的资源，再分析产品和服务的定位，然后寻找合适的平台开发用户自愿行为。某西餐店刚开业，主要顾客群的位置定位为门店周边 5 公里范围内，因此选择了在周边派发传单的方式。待有顾客上门后，利用“添加门店微信可获得优惠折扣”的方式把顾客拉入社群。然后定期在群里发放优惠活动和新菜品，不断引导顾客到店消费。

（2）整合资源多元开发。每个企业 / 品牌拥有的资源都是有限的，应该把主要力量集中在核心平台上，把各个小渠道的流量引进核心平台，扩大私域流量池。比如某公司想把大量新手期用户引导到微信私域生态内，于是加强深耕围绕微信生态的“公众号 + 视频号 + 朋友圈 + 小程序 + 小商店 + 直播 + 社群”等渠道链，形成了微信生态内完整的交易闭环。

（3）加强系统化管理。建立起私域流量池后，必须让其保持“热度”。坚持“不打扰、常联系、有甜头”的原则，就是在不让用户感到厌烦的前提下，利用优惠活动、激励机制等形式跟用户保持联系。例如，某阅读荐书主播在搭建起自己的社群后，采取定期发小红包、限量优惠、赠送小礼品等方式不断活跃社群。

因此可以发现，建立私域流量池是一种获客成本较低，且可持续性发展的营销模式。需要先立足自身定位，从实际出发，弄清基础逻辑，在合适的私域流量平台整合各渠道的用户流量，不断维护私域流量池，以减少用户流失。

制定用户运营策略

用户运营策略都有哪些呢？需要根据企业的不同情况制定不同的策略，通常要从三个方面打造出基本体系：

（1）打造用户体验体系。好的产品才能带给用户好的使用体验，有了好的使用体验才能留下用户。

（2）打造用户激励体系：带给用户相应的物质激励或者通过相应的利益驱动用户，更有利于留住用户。

（3）打造用户留存体系：为了在关键的时间之内提升用户黏性，必须想方设法打造让用户留下来的体系。

以上讲述了制定用户运营策略的体系基础，下面来看看具体的用户运营策略。各行业的用户运营策略是不同的，各企业的用户运营策略也应根据实际情况选择。下面以零售业态的用户运营为例，讲述用户运营的三大策略：

策略一——用户分层：针对资源在用户间的有效分配

一些专业人员在实际的用户运营过程中发现，有 20% 或占比更少的人是企业 / 品牌 / 产品的忠实用户，会反复购买产品；而 80% 或占比更多的人，会受到各种内外因素的影响而降低购买频率，甚至直接离开。

这样就出现了一个问题，如果我们的资源（包括人力、物力、资金、管理层的精力）平等分配给每个用户的话，那么就会出现大量浪费资源的情况。因此就延伸出了用户分层的模式，通常用 RFM 模型进行划分，根据最近一次消费（Recency，R）、消费频率（Frequency，F）、消费金额

（Monetary，M）三个维度，对私域内的用户进行分层，得出八个层级的用户群（见表 3–1）。

表3–1　八个层级的用户群

用户类别	R	F	M
重要价值用户	高	高	高
重要发展用户	高	低	高
重要保持用户	低	高	高
重要挽留用户	低	低	高
一般价值用户	高	高	低
一般发展用户	高	低	低
一般保持用户	低	高	低
一般挽留用户	低	低	低

一般情况下，当用户数量低于一定规模时，暂时没有必要按照表 3–1 这样详细划分，但可以做一些未雨绸缪的准备，在用户量激增时更好地应对。当用户数量达到一定规模后，可以根据实际情况，制定一些策略（见表 3–2）。

表3–2　不同用户层级的运营策略

用户类别	R	F	M	运营策略
重要价值用户	高	高	高	保持现状
重要发展用户	高	低	高	刺激此类用户的消费频率
重要保持用户	低	高	高	留住这类用户
重要挽留用户	低	低	高	留住这类用户并刺激他们的消费频率
一般价值用户	高	高	低	刺激这类用户的消费力度
一般发展用户	高	低	低	刺激这类用户的消费频率和消费力度
一般保持用户	低	高	低	留住这类用户并刺激他们的消费力度
一般挽留用户	低	低	低	找出这类用户中有发展价值的

策略二——社群：针对用户在私域的场景化消费需求

社群就是有一个共同目标且持续互相交往互动的群体。社群的策略有很多，总结而言都需要由群目的延伸出一系列的运营策略。企业 / 品牌做社群会有哪些目的？下面以零售品牌为例详细分类阐述。

第一种是以销售为目的的社群，按照群周期分为长期运营的日销群和短期运营的快闪群。

日销群是每天都有产品进行销售的社群，适合高频产品，如生鲜水果、日用百货等，因为能不断上新产品，可以实现持续转化。

快闪群是针对一些低频产品，进行周期性促销活动的“一次性”社群，通过限时限量的方式降低用户决策成本，达到周期转化效果。

第二种是根据已有客户体量，分层筛选出来的 VIP 群或会员群。

需要为 VIP 用户提供一些区别性的服务，如连环折扣、内容价值、嵌套福利等，以区分高价值用户和低价值用户，同时让这些用户对企业 / 品牌产生忠诚度和黏性。

因为企业 / 品牌给予了用户足够的归属感，加之路径依赖的作用，当用户有购买需求时更倾向选择自己购买过且体验佳的品牌 / 产品。

第三种是用于培育分销代理、团长的代理培训群。

这类社群主要是为了更加好地赋能和管理品牌分销代理或团长，可以在群里发布一些品牌政策的宣导、代理培训的课程信息、代理排行的激励信息等。让代理或团长能够更好地跟品牌方沟通，达成分销的目的。

策略三——裂变：针对用户口碑传播

有人认为裂变是通过诱饵和稀缺性大量获客的手段，其实裂变的本质是产品口碑和利益推动。

进行一场裂变活动，必须做到以下两点：①了解用户群体是否具备分享裂变的属性；②了解产品是否有一定普适性。

裂变等于将一杯浓糖水倒入清水中，会把用户质量不断稀释，甚至会对用户忠诚度产生一定程度的损害。所以，做裂变活动需要清楚考虑整条链路，尽量让用户有更加好的活动体验。

制订用户运营活动方案并落地

制定用户运营活动方案的首要工作是找到第一批种子用户并精细化运营，然后引导种子用户成为“潘多拉”，带来传播和扩散，再根据产品阶段性运营目标，逐渐建立完整的用户体系。

（1）获取种子用户：获得成为“潘多拉”的第一批原始用户。前期可以直接使用企业内部员工，后期让企业员工进行拉人和扩散分享。

（2）特定运营活动：重点刺激种子用户，扩大种子用户的基数，同时协同市场做线上、线下的推广活动，最大化促进活跃用户的转化。

（3）建立用户体系：重点策划用户的拉新、留存和促活等活动，制定相应的拉新、留存、促活的体系。

（4）数据指标提升：①新增用户数据：用于衡量拉新用户的数据增量；②留存用户数据：用于监测用户的流失率和留存率；③用户活跃数据：用于监测活动效果。

（5）提现指标转化：①用户付费率：对用户进行引流，提升用户付费率；②用户付费总额：制定有针对性和持续性的引流活动，提升用户付费总额。

无论是从零起步，还是已有亿万级的用户积累，根本的运营策略都是针对核心用户。想办法引入核心用户，引导他们一直留存和活跃下去。

但是，如果认为核心用户只是一群人，就错了，就会缺乏体系化、层次化和互为因果的精细化运营思路。核心用户是多个类型的群体集合，各自发挥着不同的作用，且群体之间存在相互联系和作用力。因此，核心用户群体并不是长期不变的，会因产品所处的阶段不同而不同（见图 3-2）。

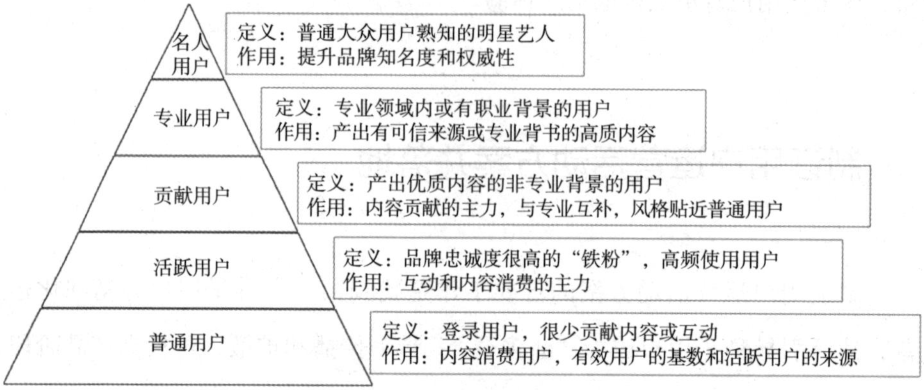

图3–2　金字塔式用户运营体系

第一层——名人用户

运营方式：依赖人脉或物质资源，一对一引入和维护，进行专题和品牌活动的强展示。

举例：新浪微博的名人用户（商业领袖、娱乐明星、互联网人、媒体人等）。

新浪微博凭借强大的媒体资源，迅速吸引了第一批名人入驻。等到新浪微博拥有高平台价值后，在驻名人会继续使用，而未开通新浪微博的名人会主动开通。有了各类名人驻场，新浪微博就不愁吸引不到其他用户了。

第二层——专业用户

运营方式：满足个人品牌需求，提升其在业内的影响力。如加 V 认证、优先展现等。

举例：新浪微博的专业用户，有较强的行业属性，是各自领域里的专家（作家、学者、企业家、艺术家、医生等）。

新浪微博的专业用户是紧跟着名人用户进驻的，同样用加 V 认证和强推荐的方式激励。无论微博平台还是用户，都对专业领域的内容有需求，长尾效应非常明显。

第三层——贡献用户

运营方式：明确福利和要求，由专人负责常规化运营，保证团队活跃度和流动性。

举例：新浪微博的贡献用户，头像右下角有五角星标识的“达人”。

这些用户对新浪微博使用积极性和频度都很高，但既不是名人也不够专业，产出的内容质量不是特别高。通过积分等级、用户特权、特殊展现等方式去激励，保证这一层用户的持续活跃。新浪微博还成立了各地的分会，选拔出活跃且有能力的用户作为地区“会长”，作用是组织当地的线下活动，以及利用地域优势及时发布当地“大事”。

第四层——活跃用户

运营方式：以策划参与度高、有实物奖励的线上活动为主，以给予福利和特权为辅。

举例：新浪微博的活跃用户。

活跃用户的贡献能力稍差，但有时间、有热情、品牌忠诚度高，对其运营从兴趣角度出发。

第五层——普通用户

运营方式：不做针对性运营，通过普适性线上活动，筛选和转化活跃用户。

举例：新浪微博的普通用户。

新浪微博的日独立访客（Unique Visitor，UV）是亿级别的，每天都有数千万甚至上亿用户在线，所以普通用户的量级太大了。对于整个金字塔体系来说，需要有源源不断的用户向金字塔尖流动，所以普通用户就是源头。

想让用户长期留存并保持活跃，需要企业/品牌能够主动维护与用户之间的关系。这种维护通常分为以下五点：

（1）分析用户消费行为习惯：将收集来的用户消费信息，按照用户消费的时间、频次、数量、金额、地域等进行分类整理，判断用户的消费方式。

（2）定期对用户进行回访：询问用户近期的需求情况或者未完成消费的原因，记录沟通日志，将用户要求精确化，并针对用户所遇到的问题进行跟踪解决。

（3）向用户推荐合适的消费方式：有计划地收集用户的反馈建议，提供高效的交易服务，以促成最终成交。

遇到春节、端午节、劳动节、中秋节、国庆节等重要节日以及企业庆典、品牌纪念日等关键时间节点，以短信、电话、邮件等方式进行问候与祝福。

（4）全面利用网络资源：在活动专题页进行宣传，并利用邮件群发、信息群发、传真、反馈卡、电话等引导形式，将新品发售触达用户，吸引用户主动去了解和消费。

（5）实现与用户之间的信息共享：利用即时通信软件、博客、论坛、电话、邮件等工具，在电子商务平台上组织用户进行深度交流，分享经验。

用户运营活动的策划，通常分为线上和线下两种。各企业将根据实际情况设计活动流程，但无论活动形式怎样改变，一场高质量的用户运营活动都必须包含前期阶段、实施阶段和后期阶段三个部分。做活动不能虎头蛇尾，只顾中前期，而放弃后期，甚至只考虑实施阶段，只有三个阶段都能高质量实现，才能将活动效果拉到最高。

下面，将线上用户运营活动和线下用户运营活动的三个阶段的关键工作分别列出，供参考：

1. 用户活动策划——线上

一般分为长期性活动和周期性活动。长期性活动的持续时间比较长，比如新品专区、用户社区、网络展会等；周期性活动是以每月或每季度为周期举办的激励活动。

（1）线上活动的前期宣传：利用企业网站、企业微信、企业公众号及其他商务平台做线上活动宣传推广。

（2）线上活动的实施执行：开展线上审核及活动的展现，线上活动一定要提高买家体验，兑现所有规则及承诺。

（3）线上活动的后期推广：必须做到的工作包括调查用户满意度、撰写活动总结及下次活动预告。

2. 用户活动策划——线下

线下活动更有利于用户体验，但并不只是用户对产品的使用体验，还有用户对整个活动参与的感受。

（1）线下活动的前期策划：设计前期推广时间表，及时准备活动相关信息资料，进行广泛的宣传推广，吸引特定人群关注，确定用户的参与方式；督促销售人员和客服人员根据活动要求邀请特定用户、引导其报名，并提交关键信息。

（2）线下活动的监督实施：活动场地、物品及所有设施的确定；活动召开前一周，提醒业务、客服人员将相关信息通知到所邀请的特定用户；活动召开前三天，以短信、邮件等形式向所有用户提示活动地点，确保用户到场率；提前对现场工作人员进行分工，明确岗位职责；遇到突发事件找接洽人商讨、妥善处理。

（3）线下活动的后期推广：活动结束后一周内撰写活动过程报告，通过邮件、企业网站、公众号、小程序、朋友圈等对外公布，让更多用户了解活动情况、扩大活动影响范围；活动结束一周内，设计调查问卷等调查方式，及时对用户满意度进行了解，收集、整理用户的反馈意见；活动结束后及时撰写活动总结报告，内容包括活动情况、用户满意度、成交量等，并对活动的亮点、暗点作出分析，并形成改进方案。

运营之后的复盘总结

复盘是运营人员必不可少的能力。复盘与总结不同，总结关注的是活动成果，复盘关注的是活动过程。复盘要做的是将活动中所做的事情进行重新演绎，从而获取对活动更深的理解。复盘需要在活动结束后尽快展开，并召集各环节的负责人共同参与，对活动过程中的细节和用户反馈详细重演。

复盘的底层逻辑是清楚陈述事实，并达成一致。当事实确定后，就可以诊断和分析其中存在的不足和优势，找到导致失败和成功的根本性原因并进行规律总结。明确哪些关键行为起了哪些关键作用，哪些行为不适用，哪些行为能提升后续行动的成功率。

简言之，复盘可以达到两个关键效果：①优化弱项，强化强项；②明确自己的价值，明确工作的价值。

活动复盘包括三个要素：①活动目标达成；②活动过程表现；③活动经验总结。完整的活动复盘根据这三个要素演变而来，包括为以下四个步骤：

步骤一——目标回顾

有效复盘要以最初的活动目标为参照，重点分析目标设置是否合理。可以通过下面三个问题进行回顾：

（1）当初制定活动的目的是什么？

（2）计划投入的资源有哪些？

（3）事先设想可能发生的意外情况有哪些？

步骤二——结果陈述

评估结果的关键是整个活动过程中的数据，要对活动数据进行从点到面的全局分析，“点”是活动过程中每个动作后的数据结果，“面”是整个活动的结果。可以通过下面五个问题进行评估：

（1）活动过程中实际发生了什么？

（2）在什么情况下？是怎么发生的？

（3）新增用户数是否达到预期？

（4）新增用户数的活跃度够不够？为什么？

（5）统计周期内每用户平均收入（Average Revenue Per User，ARPU）是否达到预期？

步骤三——过程分析

根据活动的实际数据与目标之间的差异，分析活动成功或失败的原因。要尽可能完整地呈现整个活动过程，可以通过下面四个问题进行初步分析：

（1）实际状况与预期有无差异？

（2）如果有差异，为什么会出现这些差异？哪些因素导致没有达到预期目标？

（3）活动失败的根本原因是什么？

（4）如果没有失败，活动成功的关键因素是什么？

因为本步骤是活动复盘的核心，因此要对本步骤作详细阐述。通常一场用户运营活动分为准备期、策划期、执行期，所以复盘也应按照这个步骤逐一进行。

准备期对应之前的步骤一和步骤二，在此不再赘述。而且，活动在准备期出现问题的可能性不大，常见的问题主要出现在策划期和执行期。

策划期的复盘有四个关键因素：关联度、吸引力、执行力和传播力。

（1）关联度：活动结束后反思活动策划是否与活动目的、目标用户紧密相连。

（2）吸引力：活动策划是否有趣味性？是否给用户带来利益？是否有效

利用了当下的热门事件?

（3）执行力：根据活动执行的真实过程反观执行方案，回顾活动中出现了哪些不和谐的问题。

（4）传播力：通过表格展现，把关键节点标出来，如每个推广渠道带来了怎样的效果，活动引爆过程中的各个方法带来了怎样的效果等。

执行期的细节丰富，但总有环节可能照顾不到，复盘时需要把出现的问题或未爆发的问题全部找出来。哪些节点出现了困难，后来是否解决？哪些节点隐藏着危险，应该如何解决？而且，活动不是短期行为，还要了解活动的长期影响。在此，用"冲高回落值"和"活动用户增长率"加以说明。

活动过程中可以活跃老用户并带来新用户，但活动结束后，老用户会逐渐恢复成不活跃状态，新用户则可能快速流失掉。这就带来了"冲高回落"的问题，冲高回落值的计算公式如下：

冲高回落值=[（活动后数据）-（活动前数据）]÷（活动峰值数据）×100%

其中，活动前后的数值应该是活动前后稳定的数值。

如果该值非常低或者为负数，可以认为活动效果很差。如果该值足够高，可以认为活动效果不错。该值同时与活动带来的新用户增量和活动时的活跃用户峰值数据有关。如果该值很高，则可得出"通过此次活动吸引的新用户可以有效留存"的结论。

进行活动复盘时，不仅要看活动过程中的效果，还要考虑活动之后带来的影响。因此，与冲高回落值一起对活动运营进行评估的指标就是"活动用户增长率"，活动用户增长率的计算公式如下：

活动用户增长率=[（活动后数据）-（活动前数据）]÷（活动前数据）×100%-（自然增长率）

冲高回落值更多是评估活动所带来的短期影响，而活动用户增长率更关注活动运营的长期效益。

步骤四——规律总结

规律总结是将每一个问题及时反思，和每一位参与者沟通到位。可以通过下面三个问题进行总结：

（1）从活动过程中学到了哪些新东西？

（2）如果有人要进行同样的活动，会有什么建议？

（3）下一次活动最应该注意些什么？

复盘的目的在于从行动中学到经验教训，并将其付诸后续的改进。因此，复盘不能流于表面，需要在后期真正落地执行，为下一场活动达到更好的效果做好准备。

第二篇 用户管理体系

第四章　用户行为轨迹分析

用户行为数据采集

如今越来越多的企业都在挖掘用户行为数据的商业价值，通过深度挖掘、深度分析和可视化展现，能充分发现业务运营中的问题，进而修改运营策略。因此，企业收集、存储、分析数据的目的是满足业务需求，优化产品性能和业务运营流程，进行精准营销，提高经营效率并降低成本。

企业数据通常分为内部数据（企业内部的交易数据）、外部数据（第三方数据）和交互数据（企业与用户之间的交互数据），用户行为数据普遍存在于交互数据中。

当企业占据引领位置时，企业的数据资产基本建立在交易数据上，利用用户属性、内部流程数据、销售数据、物流数据、售后数据等在整个交易流程上实现。如今是用户占据引领位置，通过收集用户行为数据，企业可以更准确地预测市场需求，进行更智能化的决策分析，制定更有效的战略布局。

用户行为由五个元素构成：时间、地点、人物、交互内容和交互方式。

用户行为数据主要包含用户在网站和移动 App 中的浏览 / 点击 / 发帖等行为。用户行为数据的采集通常用软件开发包（Software Development Kit，SDK）方式，采集用户在页面的点击行为，同时可进行参数回传。SDK 采集的任何数据都来自用户的主观行为，因此非常具有商业价值。

对用户行为数据进行采集，先要将其定义为某种确定的事件。比如，用户的搜索行为就是一个事件，具体展开则是用户在什么时间搜索，在什么平台上搜索，搜索了什么内容，是否进行关联搜索、扩大搜索或不相关搜索，能否判断出用户搜索结果。这就是一个完整的事件，也是对用户行为的一个具象性定义，企业可以通过各种途径和方式定义多个这样的事件。有了具象性事件以后，就可以在事件进行的过程中连续观察用户的行为。

用户首次进入一家购物网站，如果觉得不错，就会产生注册的想法。那么，用户注册就是一个事件，填写个人信息、浏览商品时搜索对比、在购物车内继续比对，这些都是用户行为事件。如何检测这些用户行为数据呢？最常用的方法是通过写代码定义这个事件，即在网站需要检测用户行为数据的地方加载一段代码，如注册按钮、加购按钮、提交按钮、付款按钮等。加载了检测代码，才能知道用户点击了某个按钮，用户的行为进行到哪一步，用户在哪里放缓或停止了购买流程。

通过观察用户行为数据或者直接与用户对话得到反馈，找到用户在哪里停止了，并不断针对停止的地方进行优化调整，才能打磨出最佳的用户体验路径，这就是用户行为数据的价值。

在用户行为数据发挥价值前，需要进行结构化和标签化，结构化是将用户行为数据的展现形式进行归类统计，标签化是根据业务场景将用户行为数据打上业务标签，并与业务场景深度结合。

在此重点对标签化进行讨论，为用户行为数据打标签通常有时间、频次、结果三个维度。

首先，时间维度。主要关注用户行为发生的时间段和持续时间。时间段数据用于目标设备时间范围选择和营销推广计划设定；持续时间用于记录用户行为发生的起始时间和结束时间。精确到用户发起会话和结束会话的时间点，对于分析用户行为具有重要意义，不同时间长短代表用户使用产品的不同特征，根据用户所处的生命周期洞察用户与产品的交互状态。

其次，频次维度。主要关注用户某些特定行为发生的次数和趋势。次数与用户的兴趣有较大的正相关度，比如点击浏览次数与用户购买需求是强相关关系，但次数与用户购买行为是弱相关关系，即用户浏览是出于购买需要，但不一定最终购买。因此，需要结合点击浏览次数的趋势数据反映产品转化和用户购买行为。例如，某用户在某段时间内突然频繁浏览装修类产品，这种趋势上的大幅度变化，可以直接预测用户的购买需求。

最后，结果维度。主要关注是否完成交易，用于判断用户点击浏览的结果。结果数据分为成交和不成交两类，成交数据用于产品体验分析和渠道投资回报率（Return On Investment，ROI）分析，不成交数据用于二次营销和对潜在用户的再次营销。结果数据通常要结合时间段、持续时间、次数、频率等数据综合分析，筛选出目标用户群体，并设计更精准的优化产品体验。

用户行为分析

通过写代码详细描述事件和属性的方式，也称为“埋点”。这是非常耗费人力的工程，且过程烦琐重复。SDK 会采集到大量的“脏数据”，包含一些空白区域和特殊符号，这些“脏数据”的处理和分析具有较大的技术挑战。

既然获得用户行为数据这么麻烦，为什么一定要做用户行为分析呢？因为只有做了用户行为分析，才能制定全视角用户画像的基础，也才能知道用户在网站上各种浏览、点击、交流、购买等行为背后的商业真相。

用户行为分析的核心是关注用户流失。任何企业都不希望用户流失，希望用户真正找到品牌或产品的价值，不停地进来，而且来了就尽量不要走。用户行为分析可以检测出用户为什么流失、在哪里流失。

例如，用户行为分析要分析某一个用户 ID 什么时间搜索了某个关键词，看了哪几页，关注了哪几个结果。如果该用户对于搜索结果不满意，会将关键词更换后继续搜索，若连续几次都不能搜索到需要的结果，该用户就会离开，流失的可能性将增大；如果该用户对于某个时刻的搜索结果满意，也许会深入搜索，或许会持续关注，留存的可能性就增大，甚至由此引发购买行为。可见，用户的整个行为都非常重要，每一个细节可能都对应着关键性操作。

另外，还需要对用户的购买信息进行详细分析，以从不同角度对用户进行归集定位（见图 4–1）。

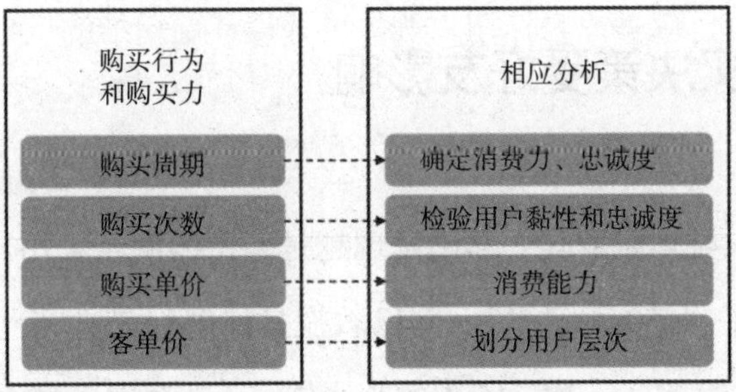

图4–1　用户行为分析

除了图 4–1 所示的四项对应分析外，用户行为分析还能做哪些事情呢？

在储备了很多用户行为数据后，可以把用户数据做成一个按小时、按天，或者按用户级别、事件级别拆分的表。这个表的作用有两点：①了解用户执行的最简单事件，比如登录或者购买；②掌握哪些是优质用户，哪些是即将流失的用户。

根据各企业、各品牌、各产品的用户购买行为数据，可形成各具差异的分析表格（在此不做详细呈现），这样的数据每天或每小时都能看到。即便各有差异，但用户行为数据所形成的用户信息留存具有共同性，可从基本信息、高级信息、有价值信息、高价值信息、保留信息五个层面对用户进行阶梯状划分（见图 4–2）。

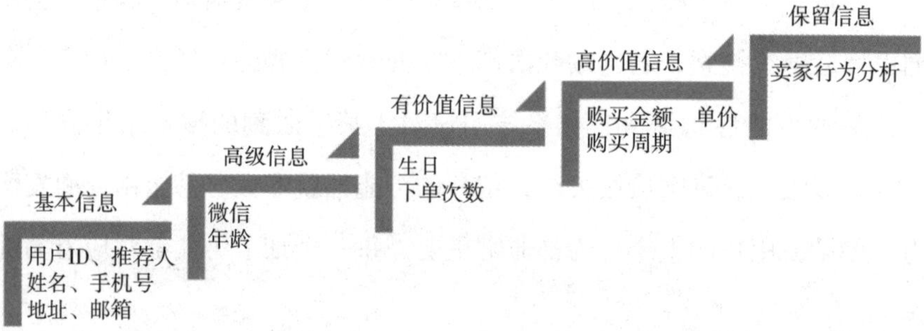

图4–2　用户信息留存

用户购买决策受好友影响

牛津大学人类学家罗宾·邓巴发现越是亲密的圈子，用户的活跃频次越高，因此提出了“150 人定律”。邓巴教授具体解释是：“5 个人的核心小圈子，至少每周（联系）一次；15 人的小团体，至少每月（联系）一次；而 50 人的关系圈，至少一年（联系）一次。这也与我们对亲密度的感知一致：5 人核心小圈子的关系最为紧密，15 人小团体则稍显疏远，对于更外围的圈子（如 50 ~ 150 人的圈子），亲密程度会持续下降。”

核心小圈子的活跃度会高到什么频次呢？邓巴教授在调研中看到，今天用户日常发出的信息（短信），85% 给予自己最亲密的两个人，而全部社交时间的 40% 都给了最亲密的 5 个人，如果再加上略微亲密的 10 个人，也就是 15 位好友，将占据用户 60% 的时间。

与关系最近的朋友亲密接触所带来的一个影响就是：用户的购买决策受到好友的影响。

如今，家人、亲戚、好友的推荐已经占据影响用户安装 App 决策的前三大因素中的两个，82% 的用户在进入渠道前就已做好购买决策。

国内一家大型电商平台曾做过一项“好友对用户购买决策的影响”的测试。该平台内，仅手机品类一项，每天就有超过 300 万个用户搜索、访问，每个用户至少访问 10 个页面。但这些搜索、浏览行为并没有给平台带来与之对应的销售转化，每天只有 5% 的用户会实际购买。因此，手机品类每天 3000 万的浏览总量（300 万个用户 ×10 个页面）和购买转化的比率只有 0.5%。

平均数据显示，浏览行为和订单转化的比率为 2.5%，即每 100 位查看了商品详情页的用户中会有 2.5 人下单购买，部分品牌的该项数据还会高至 15% ~ 25%，即每 100 位查看了商品详情页的用户中会有 15 ~ 25 人下单购买。

0.5% 和 15% ~ 25% 之间的差距是怎么产生的？通常用户在判定是否购买某款商品时，往往不知道如何决策，会反复犹豫。此时，如果有自己信得过的人推荐一句“这款手机好用”，可能就会瞬间打消心中的顾虑，直接下单了。

当用户的信息获取和购买决策不再受平台和媒体所左右，而是受亲人朋友的影响时，产品经理就需要从用户信息获取和购买决策两个方面去解决问题。

可以在平台试着构建起一个测试圈：当参与测试的用户搜索、浏览手机品牌时，系统会主动询问用户是否愿意看看好友们买过什么手机，再补上一句“你的好友中 35% 都在用这一款手机”。变化就在这时产生了，因为引入了好友相关决策信息，用户的购买比例提升了，用户的决策时间也缩短了。

可见，好友的购买决策有助于用户快速决策。那么，是不是所有商品都有这个规律呢？至少从目前的用户表现来看，高价低频、略高决策成本、需要经常被展示的商品更符合“用户购买决策受到好友的直接影响”的结论，并且这部分用户在进入渠道前就已经做好了购买决策。

第五章　用户真实需求分析

不同场景下的用户心理表现

运营的影响无处不在，对于用户而言，一些影响是显而易见的，一些影响是潜移默化的。仅看一天的时间内，用户真正能自主决策的事项能有几个？比如吃什么？穿什么？浏览什么？买什么？几点下班？几点睡觉？总是有一些主动或被动的因素在影响着用户。

这些因素都可以归纳为用户心理学范围，即用户在选择产品、购买产品或使用产品的过程中的心理表现。也就是说，作为运营人员必须了解用户在与产品发生交集的所有过程中，什么因素会影响其决策与行为。具体到应用层面，用户运营需要通过研究用户心理学，了解用户在什么样的心理活动下会发现、使用、传播产品，并对随后的用户行为进行深入观察与数据分析。

对于这方面的工作可以通过两个方面来实现：一方面是了解各类用户心理效应，以备随时调取分析；另一方面是通过各类场景发现用户心理，以激励和留住用户。

1. 用户心理效应

结合用户行为和心理学，用户心理效应的表现有很多种，在此不一一列举，而是将常见的列出。

（1）从众心理：个人受外界人群的影响，在自己的知觉、判断、认知上表现出符合公众舆论或多数人观念的行为。该心理是影响用户行为最大的，俗话也叫“人来疯”，本来不是很需要，但因为大家都积极购买，自己好像也应该买。

（2）共鸣心理：如果产品本身不单纯是产品，而是某种象征或者能让人在情感上引发共鸣，用户与产品之间的连接就会加深。

（3）攀比心理：期望通过超越同一空间内的其他用户得到心理上的满足，本质上是希望获得认同和追捧。

（4）展现心理：用户希望展示自己具有某种超人之处的心理状态。与攀比心理有特定的攀比对象不同，展现心理只是单纯地想向其他人展现自己的不凡之处。

（5）求异心理：用户虽然会经常跟随大众的想法，但也希望从相似中找到不同，渴望自己能够与众不同。

（6）猎奇心理：猎奇的主要表现是对未知信息的渴求，用户大多具有想要了解获得新奇事物或新奇现象的心理需求。

（7）互惠心理：当用户认为某种行为可以使自己与他人同时获利时，就会比仅能让自己获利甚至牺牲他人利益而自己获利，更有行动的动力。

（8）压迫心理：当用户看到了某种能让自己获利的方法和渠道，且这个方法和渠道即将关闭时，采取行为的概率会极大增加。

（9）锚定心理：用户对于某人某事作出判断时，容易受到第一印象或第一信息的支配，且很难改变。

（10）侥幸心理：在同样的产品使用中或活动参与者中，用户往往希望自己是获得偶然机会的人。

2. 不同场景与用户心理

场景一——产品与情怀

小米手机发布会上，在罗列了小米手机的硬件性能和参数之后，最后一页幻灯片上出现了小米手机的主题：为发烧而生。这句话立即引起全场“米粉”的沸腾，“发烧友”的定位让“米粉”有了强烈的认同感和归属感。

场景二——理解与属性

用户在加班回家的路上，看到一幅巨型广告牌，苹果电脑在广告牌上张贴的内容是一名女性 / 男性的身影，面前一台苹果电脑，上面写着一句：敬 Mac 背后的你！

在这样的场景催动下，用户会不自觉地将努力奋斗中的自己与这款产品相连接。苹果公司就是通过这样的场景设定，将苹果电脑的商务属性和用户的奋斗属性结合起来，并植入用户心里，与强调娱乐的游戏本区分开。

场景三——“种草”与心动

小红书平台以“种草”闻名，即用户在看到某款被达人推荐的产品后，也产生了想要拥有的想法。

“种草”的核心在于“现在没有”，也不是很需要，但经过一番高质量的推荐之后，一些用户会对产品产生兴趣，生出了“需要感”，逐渐地认为自己“非常需要”，然后就下单了。

场景四——联名与同款

平价服装品牌优衣库与设计师联名推出了 KAWS 系列 T 恤，售卖当天店内人头攒动，大家逐渐由最初的理性挑选变成了感性抢购。

联名款往往与限量款同时出击，一面向用户灌输产品的价值性，一面向用户输出产品的稀缺性，叠加之下，就是火爆的销售场景。2019 年，星巴克推出的一款限量猫爪杯，在网上无意中爆火之后，遭遇疯抢。如果再加上“某明星同款”“某大咖推荐”等字样，更会激发用户的热情。

采集用户需求的方法

用户需求是产品设计的驱动力，只有以用户需求为基础设计产品，才有可能打造出现象级的产品。企业应从三个方面对用户需求加以判断：

（1）需求大小。根据用户属性和使用产品的频率进行判断，可将用户初步划分为三个等级，即普通用户、目标用户和核心用户。一般用户对产品的使用频率越大，需求也越大，因此可将核心用户的需求看作大需求，从而针对核心用户的需求实施产品迭代调整。

（2）需求全过程。企业可将用户需求分为：需求的目的、需求的原因和需求的过程。目的体现用户的表面需求，原因反映用户的真实需求，过程满足用户的深层需求。

（3）需求一致性。产品不断增加的新功能，能否满足用户不断出现的新需求，一致性的要求是必须百分之百地契合，如果存在不一致的地方，产品就可能会被竞争对手超越。

围绕用户需求进行产品功能设计，以得到良好的用户体验。有了判断用户需求的方法，还要有将用户需求采集提取出来的方法，根据定性和定量的分析方式，采集用户需求有四种方法：

1. 用户访谈

用户访谈是最原始、最简单的用户需求采集方法，即通过一对一或者一对多的形式和用户进行面对面的交流。访谈的关键是让用户说出主要需求，并对需求进行排序。

用户访谈方式的优点和缺点都很明显：

优点：①面对面的形式拉近了企业与用户之间的距离，有利于获得更真实的用户需求；②面对面的方式适用于所有人群，企业能够获得更全面的用户需求；③企业可以第一时间获取用户需求，并根据问答的实际情况随时调整应对方法；④企业可以与被访谈用户进行深度交流，获得更具深度的用户需求。

缺点：①时间成本和经济成本会更高，访谈双方需要就时间和地点进行协商；②因为访谈耗费时间，导致访谈的用户数量有限，样本数量也有限；③访谈人员在访谈过程中难免会带有主观性，有时会误导用户的观点，因此建议访谈人员不要发表自己的看法。

鉴于上述优缺点的存在，企业不应只采用访谈这一种方法，而应兼顾其他方式，共同采集用户需求。

2. 问卷调查

问卷调查一种定量研究法，一般通过线下或线上的方式向用户发放关于用户需求的调查问卷，以收集用户需求。

问卷调查的流程是：设计调查问卷的大纲和问题→发放问卷→回收问卷→整理和分析回收问卷→提炼用户需求。

调查问卷设计的题目主要包括：用户需求及重要程度，用户对产品的满意度，用户对产品改进建议的反馈等。

如果企业先进行了用户访谈，也要以调查问卷方式进行补充。调查问卷同样具有自身的优点与缺点：

优点：①成本小，可以进行数量庞大的调查，并辅以大数据验证用户需求，可靠性更强；②问题多是封闭式的，避免用户的主观性观点，结论相对客观。

缺点：用户不配合的情况占比较多，或者用户干脆不填写问卷内容，或者用户随意填写问卷内容，导致一些样本无效或有较大偏差。

3. 可行性预测

可行性预测是一种定性研究法，一般是“现场观察 + 现场评述”。企业邀请一些忠实用户免费使用产品，并根据这类用户使用情况和反馈结果，得出用户对该产品的确切需求。

可行性预测实施的关键在于让用户自主使用产品，不要中途打断，也不要主观引导，只是从旁观察和倾听。

通常会在预测之后配合进行用户访谈，让用户全面阐述对产品的感受。因为产品试用不可能大规模铺开，只能是小范围进行，因此必须邀请有代表性的并愿意积极配合完成实验的用户。

4. 数据分析

在产品中植入统计代码，通过产品的后台程序得到用户的使用数据，再根据数据具体分析用户需求。

首先，企业要先确定想得到哪方面的数据，再进行针对性埋点统计；其次，数据收集的量要尽可能多，才能将统计结果进行量化，以图表化呈现，得到影响用户需求的关键因素；最后，不能只看数据，不懂人性，只有“数据 + 人性”，才能对数据进行更准确的解读。

因此，不但要知道数据是怎样的，还要知道它为什么是这样的，在此推荐“7C 法”，即七个步骤（见图 5–1）。

鉴于大数据的发展，数据分析是目前必不可少的用户需求分析方法，但传统的用户访谈和问卷调查方式同样不容忽视。毕竟和用户面对面交流会更有利于获得第一手资料，访谈和问卷更加直接，只要用户认真回答，企业就会立即得到答案，省略了整理分析的流程。可行性预测同样重要，让用户边用边发表意见，企业可以第一时间掌握用户的使用心理，对于分析用户的真实需求是极其有帮助的。

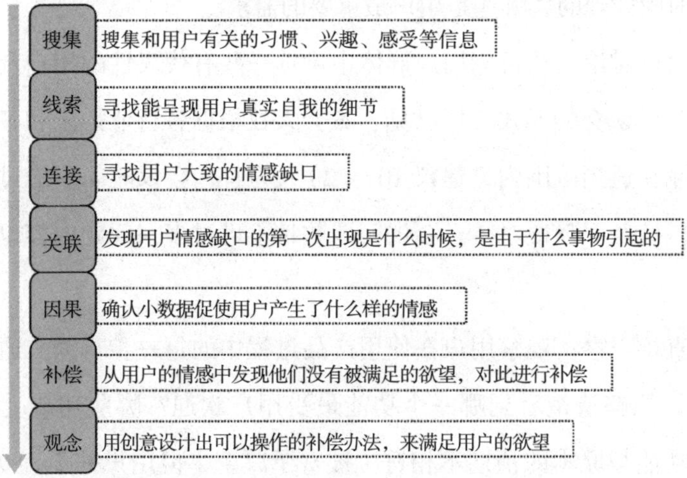

图5-1　7C法

可以将用户访谈和问卷调查称为“老一代方法”，将可行性预测称为“中生代方法”，将数据分析称为“新生代方法”，采集用户需求需要老、中、新三代方法共同发力，才能得到更加客观、真实、具体、深入的用户需求。

验证真实用户需求的方法

做用户调研经常会遇到一个困境：明明按照用户讲的需求在调整，为什么数据依然不好？这是因为用户无法描述自己的真实需求，斯蒂夫·乔布斯将此种现象总结为：“他们根本就不知道自己想要什么。”想要真正了解用户，就要验证真实的用户需求，而验证真实的用户需求之前，需要先提炼用户需求。在此推荐五种方法：

（1）数据筛选：分为三个步骤：①优先筛掉那些胡乱填写的没有价值的无效数据；②把各类数据归类，对现行产品的满意情况、产品问题、用户建议 / 需求 / 反馈进行整合；③对整理好的数据进行优先级排序，明确哪些是需要第一时间处理的，哪些是用户最重要的需求。

（2）会议讨论：从目标用户群体中挑选一些有代表性的用户及业界专业人士，通过座谈会的形式各抒己见。参会人数根据各行业需求和各企业规模的不同控制在适当范围内，建议 10 ～ 20 人为宜；会议时间不能过长，防止参会人员因疲惫而随便对待；会议问题数量不可过多，问题内容也不能过于简单。

（3）直接观察：观察用户在使用产品过程中的每一步行为。通常配有一个热点图，能够清楚看到哪一个功能最受用户欢迎？哪些功能受到用户冷落？哪些功能与原本的预期不相符（被寄予厚望，但用户并不喜欢）？这些答案就是用户需求的真相。

（4）间接洞察：用户为什么会这么说？为什么会这么做？洞察用户在语言和行为背后的感受，才能更接近用户的真实需求。以去咖啡店喝咖啡为例，顾客的需求真的是咖啡多么好喝吗？其实不是，更多的用户是需要空间。

（5）模拟用户：产品设计者将自己当作用户，去感受产品的使用体验，再与收集到的用户需求作对比，提炼出真正的用户需求。

当企业对用户需求收集提炼完成后，就要验证用户的真实需求，这件事并不容易做到，我们结合具体案例来说明验证真实用户需求的方式。

方式一——从用户角度思考问题

能否将产品做好，关键不在于功能是否齐全，外观是否漂亮，更不在于设计者自我感觉是否良好，而是要看产品设计是否想用户之所想，急用户之所急。能站在用户的角度思考产品设计的企业，通常都能最准确地掌握用户的真实需求。

某路由器公司的产品研发部为了把路由器做得更漂亮，将天线做成内置，外观确实够精美了，但损失了信号功能。购买路由器的用户中，大部分首先考虑的是信号问题，外观只是次要参考，要在信号功能达到要求的情况下，再去对比外观。

显然，产品设计者就没有站在用户的角度思考问题，自以为用户“更看中外观”，却未重视用户的真实需求。

方式二——对产品进行精益迭代

所有产品设计者都希望做到根据用户需求迭代产品。但希望和现实是有差距的，差距就在于是否获得了真实的用户需求，又是否将真实的用户需求代入新产品。

方式三——考虑用户使用场景

用户使用场景是影响产品受欢迎程度的一个重要因素。因此，企业必须考虑各种不同的用户使用场景，以满足用户实际需要，这将有利于提升用户的使用体验。

某游戏公司设计一款移动端游戏时，左手边设计了一个虚拟摇杆，右手进行武器释放。但用户使用之后反馈一直按着会感到手累，这就是没有充分考虑手机游戏触屏的特点。后来该游戏公司结合用户反馈进行了改进，将武器释放变成了虚拟的切换按钮，各类武器对应不同的虚拟按钮，用户就无须始终按压屏幕了。

总之，验证真实的用户需求时，不要被既有方式束缚，而是区分使用各种方式，哪种更适合当前需要，就采取哪一种。

建立“用户反馈—需求系统”

“用户反馈—需求系统”是根据用户的反馈意见，分析提炼用户真实需求，帮助产品进行有针对性的改进，达到产品功能与用户需求更好对应的目的。

“用户反馈—需求系统”包括：用户意见提交、意见整理与筛选、意见回应三个部分。因此，用户反馈意见的数据一般有提交时间、用户信息、用户反馈类别、反馈内容等；对用户反馈意见作出回复的数据则有应答时间、应答对象、应答内容、应答反馈等。

可以从三个维度解读“用户反馈—需求系统”。

1. 系统的逻辑结构

“用户反馈—需求系统”必须是简单且清晰的，便于企业通过该系统快速掌握用户的反馈数据，因此企业在设计该系统时必须规划好逻辑结构。通常根据用户反馈信息的不同，将系统分为树形结构和平行结构。

（1）树形结构：将反馈信息按照先后次序进行划分，引导用户将反馈信息填写完整。因为呈树状分层结构，能够将反馈信息的层次结构表现出来。

世界著名化妆品公司雅芳的反馈信息层次关系中，首先填写用户姓名、地址等基本个人信息，然后是用户所要反馈的问题类别，最后是反馈的具体内容。

（2）将所有可能的反馈信息进行分类，通过一个页面展示给用户，并由用户选择自己需要反馈的类别进行填写。

购物网站 Crutchfield 将用户可能涉及的反馈内容分为五个部分，即用户个人账号问题、产品问题、用户订单情况问题、用户使用电气系统问题、用户对网站的建议。

还有一些企业采用树形结构和平行结构相融合的方式收集用户的反馈数据，能够裨补缺漏，更深入、全面地对反馈信息进行整理、分类和及时应答，以促进产品功能的完善和用户运营工作的顺利进行。

2. 连通方式多样化

随着科技的进步，各种即时通信工具层出不穷，用户进行反馈的入口可选择性越来越多，也更加便捷。比如产品反馈信息表、E-mail、微信公众号、在线客服、电话客服、售后服务渠道等。

一般企业会融合各类反馈方式，尽可能多地获取用户的反馈信息。而且，用户反馈方式的多样化也极大提高了运营人员的工作效率和工作准确度。为下一步更有力度的用户运营工作打下坚实基础，可在最大范围内增加用户黏性。

3. 系统内部个性化

更具个性化的用户反馈系统会给用户带去亲切感和专属感。比如一些网站将用户 ID 和用户个人反馈进行关联，用户填写反馈信息后自行决定是否将问题公开。在用户登录账号后，可以在自己的个人中心看到自己反馈的问题和网站的应答。这种方式既保护了用户隐私，又提升了用户体验。

系统内部个性化强调产品由用户来推动，而不是产品设计者来推动，产品设计者的作用只是找到那个可以“四两拨千斤”的着力点，这个着力点就是用户需求。

第六章　用户群体划分

根据互动行为划分

了解了用户互动行为，便可以根据互动行为去改善运营操作，获得更好的运营效果。那么，常见的用户互动行为有哪些呢？

行为一——点击

当用户对产品产生了想要了解的兴趣，就会点击查看。在用户没有明确购买意向的情况下，通常不会只点击产品一次就选择购买。虽然点击哪款产品是用户自行选择的，但让用户看到怎样的产品介绍则是企业可以选择的。

行为二——签到

签到的目的往往是获得一定的积分，用户在积分的诱惑下，主动选择签到，再将积分攒起来，达到一定数量之后去兑换礼品或者优惠券。

行为三——互动

用户运营的核心是与用户产生互动交流，并借此引导用户继续产生购买行为。互动交流可以分为用户发起和企业 / 商家发起两类。用户发起的互动属于“黄金互动机会”，企业必须做到每条必应答，且要在遵守营销原则的基础上留住用户。企业 / 商家发起的互动属于“青铜互动机会”，应尽量寻找能吸引用户回复的主题，但以不打扰用户为基本原则。

行为四——注册

这是非常重要的一项用户行为，用户愿意注册，说明用户对企业、品牌有信心，有建立长期交易的期望。

行为五——关注

当用户对某企业 / 商家或品牌感兴趣时，就会去关注该企业或品牌的公众号 / 积分商城。用户关注了之后，后续购物的可能性就会增大。企业 / 商家需要在公众号 / 积分商城平台上发表文章，将自己的产品介绍给用户。

行为六——消费

当用户对产品感兴趣，也有信心时，就会形成消费购买行为，这就是转化效果。消费行为可以是一次性的，也可以是持续性的，关键在于产品价值是否符合用户需求，以及销售方的售后服务是否到位。

行为七——评价

用户在购买产品后，会在相应购买平台上对商品进行评价。评价的互动行为，为企业 / 商家带来的影响比较大。企业 / 商家可以对好评相应“忽视”，对中评暂时“搁置”，但对差评的处理要及时，不能采用负面手段诱导或强迫用户删除差评，而是要积极找出差评原因，制定相应对策加以改进。

上述的用户互动行为，企业和商家不能忽视任何一个，必须从用户看过来的第一眼就想办法抓住用户眼球，实现高质量的留存、转化和复购。

根据用户所处的不同的互动行为，可以对用户进行精确的阶段划分，每个阶段所对应的用户运营策略是不同的。下面通过社群用户运营、内容用户运营和电商用户运营三个方面，具体陈述根据互动行为划分用户的方式。

（1）社群用户运营——社群用户（普通群员）→活跃用户（*N* 天内参与互动）→注册用户（注册 App/ 小程序）→消费用户（*N* 天内产生消费）→流失用户（*N* 天内未购买）。

（2）内容用户运营——游客（未关注人群）→活跃用户（*N* 天内有观看

互动）→粉丝（已关注人群）→消费用户（N天内产生消费）→流失用户（N天内未购买）。

（3）电商用户运营——分为“A-I-P-L”四个阶段：①认知（Aware）：通过点击广告或者被曝光内容等行为，对品牌形成初步认知；②兴趣（Interest）：注册品牌会员，并参与内容互动，对品牌形成一定兴趣；③购买（Purchase）：已购买品牌的产品，对品牌形成信任，并愿意付费；④忠诚（Loyalty）：对品牌有正向认知，并持续不断地为品牌付费。

根据用户属性划分

互联网产品是千人千面，因此，需要将用户分为多种类型分别服务，做到因人而异、因地制宜、因势利导，尽可能做到“量体裁衣”。

但在用户细分、精细化运营中仍会遇到两个对立性的问题：①未做到“量体裁衣”，没有差异化，拉新难；②“量体裁衣”不合理，需求难满足，留存难。

那么，我们该怎么进行合理的用户细分呢？

用户细分是企业为了满足用户异质性的需求，并集中有限资源进行有效市场竞争的行为。企业在明确的战略业务模式和特定的市场中，可以根据用户的基本属性和行为价值等因素，划分用户类别，并针对各类别用户提供有针对性的产品、服务、销售模式，达到产品价值和用户运营的最佳效果。

本节针对用户的基本属性进行划分。在具体实施层面，是在抽象理论的指导下，用具体条件对用户进行标签化统计、分类，并在运营方式上进行“量体裁衣”。

根据用户属性划分可以从性别、年龄、地域、职业特点、兴趣爱好共五个方面分别讨论。

1. 性别属性

性别是人类差异最大也最明显的特征之一，是群体行为、偏好和需求等方面的基本影响因素之一。按照性别划分，可以分为女性用户和男性用户两个群体。

（1）女性用户的“爱美之心”不分年龄，每一个年龄段的女性用户都倾向于用商品使自己更具气质和富有魅力。多数女性用户认为商品的外观（色彩、式样）与商品的质量、价格同等重要。女性用户的购买需求通常是主动的，因此购买行为非常灵活，对于商品的选择范围更大。

（2）男性用户的消费行为一般不如女性用户频繁，但购买需求却并不逊色，一旦他们对某款商品产生了购买欲望，是势必要入手的。多数男性用户更倾向于力量感、科技感特征明显的商品。男性用户的购买需求通常是被动的，如受家人嘱托、朋友委托或工作需要等，因此购买行为不够灵活，往往按照既定的商品要求（如指定的品牌、名称、式样、规格等）购买。

2. 年龄属性

爱利克・埃里克森的“八个阶段理论”将人的心理发展分为：婴儿期（0 ~ 1.5 岁）、幼儿期（1.5 ~ 3 岁）、学前期（3 ~ 5 岁）、学龄期（5 ~ 12 岁）、青春期（12 ~ 18 岁）、成年早期（18 ~ 40 岁）、成年中期（40 ~ 65 岁）、成年晚期（65 岁以上）。

人的消费行为通常是从成年早期开始的，此时人们需要获得亲密感，避免孤独感，体验着理想的实现。到了成年中期，人们需要获得成就感，避免停滞感，体验着关怀的实现。每一年的心理成长与生活的变化都可能改变着用户的消费需求，这种需求又塑造了多种多样的消费行为。

在此，我们将用户按照青年前期（18 ~ 30 岁）、青年后期（30 ~ 40 岁）、中年（40 ~ 60 岁）、老年（60 岁以上）划分成四个阶段（不完全对应

“八个阶段理论”)，简单介绍每个阶段消费群体的特征。

（1）青年前期消费群体：因为尚未建立起比较坚实的经济基础，通常经济上感到拮据，但因为超前的消费观念的引领，在消费行为上并不保守。

（2）青年后期消费群体：已经具备了一定的经济基础，经济状况趋向良好或优秀，消费观念同样不保守，平均消费能力是四类消费群体中最强的。

（3）中年消费群体：一般拥有稳定的职业和稳固的经济基础，希望获得更好的生活状态。但因为经济压力正处在人生中最大的阶段，所以消费能力对比之前阶段有所下降，且家庭消费支出要高于个人消费支出。这个年龄段的消费群体更有主张且有决定的能力，只要有消费需求且产品符合购买预期，就会产生消费行为。

（4）老年消费群体：他们的思维模式和消费模式基本固定，消费行为通常比较谨慎。同时因为老年已至，更加注重个人保养，有利于家人和自身身体健康的消费支出逐渐增多。

3. 地域属性

在阐述本点之前，需要强调，按地域划分用户，只是因为客观因素导致的消费行为差异和消费能力差异，并无地域歧视。

不可否认，当前城市与农村之间、大城市与小城市之间，经济水平和消费能力是有差距的。比如，开一家服装店，就存在大城市、小城市和农村的不同定位。在大中城市运营服装产品，需要综合考虑服装品牌、款式，以及是否流行等因素；在县城乡镇运营服装产品，要重点考虑服装是否加工精细、价格实惠、质地优良等。

同时，一些自带地域特色的产品，考量地域差异是首要工作。比如某企业要做一款饮食菜系 App，就要充分考虑用户的地域特征及饮食特色。做到入乡随俗，设计出的 App 才会有市场。

4. 职业特点属性

按职业特点划分用户，并非将职业作为唯一划分因素，而是将职业作为单独因素提炼出来，看看不同职业对于个体的消费行为有哪些影响。

一些可以划分出不同社会地位的职业，如企业家和企业蓝领，往往是个人能力和性格特征决定了职业走向（关键因素是性格特征），也就是说通过用户的职业可以基本判定其消费逻辑和消费行为。

不能划分出社会地位的职业，如医生和工程师，个人综合能力不相上下，往往是个人兴趣爱好决定了职业走向（关键因素是兴趣爱好），同样可以通过用户的职业基本判断其兴趣偏好。当然不排除出于薪酬等考虑，选择自己不喜欢的职业的人。只是任何基于某些因素做判断的事情，都是概率性问题，只要判断得大致没有错即可。

对于按职业划分用户，还涉及企业所在行业和所生产的产品范围，需要企业根据具体产品与不同职业的用户特点进行分类。比如，生产医疗器械的企业对待医生和护士职业的分类与生产食品的企业对待医生和护士执业的分类就不会相同，前者更具专业性划分，后者更偏向个人爱好的划分。因此，按职业划分用户需要各企业根据具体情况进行，在此不做划分示范。

5. 兴趣爱好属性

兴趣爱好从字面意义上比较容易理解，以电商为例，就是某个用户对某个对象（这里的对象可以是商品，也可以是品类等）是否有喜好。

更具官方意味的定义是：圈定某兴趣涉及的对象，根据用户与该兴趣对象的互动情况，判断用户对某一兴趣的爱好程度。

按兴趣爱好划分用户，会遇到一个很现实的问题，就是每个人可能会有多种兴趣爱好，很难给出唯一的分类。在这种情况下要如何进行划分呢？可以根据不同需要进行不同分类。

（1）按兴趣的倾向性或具体对象划分：分为物质兴趣（人们对物质产品

的兴趣，如对衣、食、住、行、用等商品的偏好）和精神兴趣（人们为满足精神需求而形成的态度倾向，如对文学、艺术的爱好）。

（2）按兴趣与具体对象的关系划分：分为直接兴趣（人们对某种事物本身的兴趣，如出于对音乐的喜爱而购买钢琴）和间接兴趣（人们对某种事物本身没有兴趣，而对这种事物可能导致的预想结果感兴趣，如自己不喜欢音乐艺术，但为了将子女培养成艺术家而购买钢琴）。

（3）按人的意志参与兴趣的不同程度划分：分为情趣（感情作用于兴趣的结果，如喜欢一件商品，即使不需要也买下了）和志趣（意志作用于兴趣的结果，往往是一种偏好，如养花、钓鱼、集邮等）。

根据用户价值划分

用户需求、用户参与、以用户为中心被认为是互联网时代企业连接用户的重要特征。很多企业把用户称为“衣食父母”，因为用户是生意盈利的唯一来源。但企业是否对用户有真正的了解呢？

想一想，企业对用户有怎样的定义：

（1）用户是注册的ID数量。

（2）用户是产品中存在的角色。

（3）用户是某一类需求的集合。

这是最具代表性的三句话，一些企业对用户的定义可能并非这三句话中任意的一句原话，但一般都能归纳进其中一句。

第一句的同类型解释是最常听到的，认为用户只要注册了或者关注了，就等于和企业、品牌、产品建立了稳固的联系。怎样理解这句话呢？如果仅从注册和关注的行为来看，关联程度确实足够稳固，如果再加上一旦注册了就不能注销的账户，关联就显得更加稳固了，只要用户注册，就再也离不开了。但事实是这样吗？注册以后和企业、品牌、产品再没有任何关联的用户大有人在，“僵尸用户”和“僵尸粉”就是这样诞生的，用户尚未进入真正有价值的阶段就流失掉了。

第二句话对比第一句话递进了一个层次，用户和具体产品发生了联系，甚至按照企业的设想，成为产品中存在的“角色”。但这样就表示用户和产品之间建立起稳固的关系了吗？显然并不是这样的。那些试用一次或者购买一次就和产品“拜拜”的用户同样大有人在。用户来了，又走了，从有价值到失去价值的过程，并未真正建立价值区间。

第三句乍看起来最为薄弱，好像并未阐明用户与产品之间的关系。但如果用户发现，某款产品能够长期满足自己的需求或者同时满足自己多个不同的需求，就形成了“需求的集合”，那用户还会离开吗？用户定会产生一定频次的消费频率，从而定期带来一定的消费金额，这样的用户是具有高价值的。

综上所述，第三句所含的意义“用户是需求的集合”更为准确。

根据用户价值划分的核心就是要找到用户的价值，那么是不是那些有购买力的用户才是真正有价值的用户呢？这样的用户是高价值用户，但并非唯一价值用户，对于那些短时间内不会产生购买行为或付费行为的用户，但只要愿意和产品产生交集，对于产品的宣传和推广同样具有价值。比如，通过视频平台观看体育比赛，有的用户选择付费，有的用户选择不付费，付费用户有价值，未付费用户同样有价值，因为他们也一直在使用产品。

企业需要从用户角度出发，分析不同类型用户所具有的特征和属性，这样才能够最大程度地发挥每个用户的价值。

根据用户价值的不同，可以分为三类。

1. 用户的财务价值

这是可以直接给企业带来收益的用户，是最熟知的用户类型，即有经济能力的目标用户。

此类用户的价值在各行各业都非常凸显，以游戏行业为例，游戏平台并不指望所有玩家都能成为付费用户，很多东西在平台上都可以免费获得，但会针对那些有购买意愿和购买力的用户推出一些付费装备，游戏平台的主要盈利便来源于此类用户。

因此，必须让此类用户在成交过程中感到舒服和被理解，企业产品在满足其核心需求的同时，还要提供一些个性化服务，以满足其意想不到的一些需求。

2. 用户的资源价值

这是可能给企业带来更多目标用户的用户，简单说就是通过该用户可以找到更多的目标用户。

企业需要根据用户的不同属性和特点，设计一些转介绍的激励机制。最常见的方法是用户介绍一个人过来，能够获得多少积分或奖励。

此时，需要对该类用户的心理有足够的了解，有些用户给积分就能帮助宣传，有些用户则需要积分和金钱的双重刺激，有些用户则只在乎使用感受，认为产品好则免费宣传，认为产品不好则坚决不宣传。

3. 用户的精力价值

这类用户虽然不一定会成为企业未来的消费或付费用户，但有大量的时间和精力在平台上保持活跃度，等于变相进行了宣传。

互联网时代，“酒香不怕巷子深”已经不现实了，企业需要流量和人气，用户即使做一个“看客”也是极好的。仍以游戏行业为例，最不能缺少的就是那些喜欢玩游戏且有空余时间和精力的用户，他们是平台人气的体现，也是平台广告价值的体现。

总结一下，很多商业模式的用户结构都是金字塔形的，塔尖上的用户是真正会消费的用户，是高价值的用户，但塔身和塔基的用户同样具有各自的价值。企业必须清楚了解各层级上的用户属性和特性，才能制定和实施正确的运营策略。

第七章　创建用户画像

静态属性画像

用户画像是重要的数据产品运营抓手，是能够描述和刻画用户信息与特征的数据指标。通过用户画像，运营人员可以充分、深入、准确地了解用户在不同生命周期的特征，以制定高效的用户经营策略。

用户画像分为静态属性画像和动态属性画像两类。用户静态属性画像关注的是用户的天然属性特征或固有属性特征，即在一定时间内不会变化的或者永远不变的，通常概括为基本、社会、地域、价值、其他共五类属性（见表 7–1）。

表7–1　用户静态属性画像

属性类别	属性画像内容
基本属性	性别
	年龄
	生日
	学历
	职业
	婚姻状况
	房产
	车辆

续表

属性类别	属性画像内容
社会属性	行业
	岗位
	工作年限
地域属性	家庭住址（国家－省级行政区－市级行政区－县（区）级行政区）
	工作地址（国家－省级行政区－市级行政区－县（区）级行政区）
	常去的国家与地区
	喜欢的国家与地区
价值属性	月收入或年收入
	理财状况
	财务状况
	消费能力
其他属性	手机品牌
	电脑品牌
	常用账号
	……

注 为贴近互联网时代的消费习惯，“其他属性”通常与互联网功能或移动互联网功能有关。

用户静态属性画像具有以下三个特点：

（1）所有属性特征均平等，不存在优先级或权重不一的情况。

（2）所有属性特征均为事实类标签，无须数据挖掘或特征分析，也无须汇总计算，不随业务的变化而变化。

（3）所有属性特征具有长期稳定的特点，表现在四个方面：①在用户生命周期内永远不会变化，比如用户所购的房产是不容易发生变化的，再如用户的生日是不会变的；②属性发生变化是可预期的，比如用户存在更换手机设备的可能，根据用户现在使用的手机年限可以预估更换年限，根据用户现在使用的手机购买时价格和收入情况与支出习惯，可以预估用户的新机价位，甚至是品牌型号；③属性变化是具有强规律性的，比如用户的年龄每年长一岁；④属性变化的可能性很低，比如用户的地域属性或所购房产存在变化的可能，但在较长时间内可以认为是不变和稳定的。

创建用户的静态属性画像，不是为了给用户画素描，而是要通过分析这些静态因素，为用户创造更为客观、更为准确的特征图谱。

根据用户静态属性画像的特征可以知道，静态用户画像一般为一次性创建，不再进行更新或只进行必要更新，但不进行自适应学习。下面将用户的静态属性画像和动态属性画像以表格形式进行对比，以便于更好地理解（见表 7–2）。

表7–2　静态属性画像与动态属性画像的对比

画像分类	静态属性画像	动态属性画像
概念	稳定不变的信息	需要不断修正的行为信息
实时性	弱	强
覆盖面	大	小
颗粒度	粗	细
信息来源	用户基本属性	基础行为标签
来源举例	包括但不限于（可以不断细化）：①基本属性：性别、年龄、学历、职业；②社会属性：所属行业、岗位层级、工作年限；③地域属性：常在区域、出行情况；④价值属性（商业属性）：月收入、财务状态、消费能力；⑤其他属性：手机品牌、电脑品牌、常用账号、常用网站、会员类型等	包括但不限于（可以不断细化）：①时间偏好属性：访问时段、访问时长；②渠道偏好属性：访问媒体、访问设备、流量来源、流量去向；③行为偏好属性：访问行为、接触行为、购买行为、使用行为；④兴趣偏好属性：体育、阅读、影音、金融、旅游、摄影、时尚、游戏、宠物、收藏、汽车、美食等；⑤消费偏好属性：购买态度、购买心理因素、忠诚度、体验评价、复购概率等

动态属性画像

用户动态属性画像关注的是用户的后天属性特征，是相对不稳定的，甚至是因为某些因素的存在而经常变化的，如时间偏好、渠道偏好、行为偏好、兴趣偏好、消费偏好等五类属性（见表 7–3）。

表7–3　用户动态属性画像

属性分类	属性画像内容
时间偏好属性	访问时段
	访问时长
渠道偏好属性	媒体渠道
	设备渠道
	信息渠道
行为偏好属性	访问行为（含线上访问和线下探店）
	接触行为（含线上交流和线下面谈）
	购买行为（含线上下单和线下直购）
	使用行为（含虚拟产品使用和实体产品使用）
兴趣偏好属性	体育
	金融
	收藏
	汽车
	游戏
	时尚
	摄影
	宠物
	……

续表

属性分类	属性画像内容
消费偏好属性	消费水平
	购买态度（一般、适中、强烈）
	购买心理因素（刚需、囤货、被种草、无脑抢……）
	忠诚度（长期坚守的支持者、恰好觉得满意的游客、为折扣而来的“羊毛党”）
	复购概率（一定会、一般会、不知道、肯定不会）

注 “消费偏好属性”是指用户的消费水平、消费心理、消费嗜好、消费稳定性等，集中反映了用户对消费的看法。例如，是喜欢质量好的还是追求品质高的？是倾向功能价值还是情感价值？

用户动态属性画像具有以下五个特点：

（1）所有属性特征都是有权重的，因为用户的各类偏好有重要程度的排序。

（2）所有属性特征均为特征标签，都需要数据挖掘或特征分析，必要时需汇总计算，且随业务的变化而变化。

（3）所有属性特征都是动态可变的，表现为两个方面：①随着时间而变化。例如，某用户今天买了一张电影票，可以初步认为该用户是电影偏好属性，但接下来三个月该用户都没有复购电影票，此时电影偏好这个动态兴趣属性就要降低影响力。这三个月中该用户一共买了八本书，可以初步认为该用户是阅读偏好属性（且要具体分析所购书籍的种类，以明确阅读方向）。此后的三个月，给用户又陆续购买了三本书，但仍然没有购买电影票，那么该用户的阅读偏好属性的影响力就要增加，而电影偏好属性的影响力要继续降低，甚至可以移除。②随着频率而变化。例如，某位男性用户过往是体育偏好属性，知名的篮球比赛、橄榄球比赛、冰球比赛、足球比赛等都是其长期关注的。但突然从今年 2 月开始，他更加关注婴儿用品，陆续买了婴儿床、婴儿玩具、婴儿学步车等。可以预估这个体育迷要当爸爸了，他在给自己即将出生的孩子置办东西，那么他的动态兴趣属性中的体育成分占比要适当降低，和“奶爸”有关的动态兴趣属性占比要大幅提升。到了今年10月，他关注的婴儿用品范围缩窄为女婴用品，且每次都买双份的。可以进一步预估，这位“奶爸”已经正式上岗了，正在为他的双胞胎女儿置办东西，那么他的动态兴趣属性中的体育成分可以继续保持在原有位置，和“女儿奴”“奶爸”有关的动态兴趣属性占比要继续提升。

（4）所有属性特征不存在绝对意义上的互斥情况，比如一名用户可以对同一款商品既有强烈购买意愿，也有一般购买意愿，甚至没有购买意愿，可能取决于用户当时的心情、购买的能力或者是朋友的一句话的影响。

（5）所有属性特征都具备统计周期，因为这些属性特征都是可变的，需要制定统计周期进行计算。

用户动态属性画像可以帮助运营人员创造出更加立体、更加丰满的用户特征图谱，便于精准掌握用户面貌，实现精准营销。

基于业务场景创建正确用户画像

用户画像和用户角色是两个易被混淆的概念。在讨论产品、需求、场景和用户体验时，需要聚焦在某类人群上，用户角色便是一种抽象的方法，是目标用户的集合。

而用户画像更多是运营和数据的平台级应用，本质是对任何一个用户都能用标签和数据进行描述。很多运营人员进行用户画像时，总是想当然地归纳出一个“完备”的体系，却忽略了用户画像的核心价值。

用户画像是商业目的下的用户标签集合。猜测用户是男是女、是哪里人、工资多少、是否恋爱、喜欢什么，是没有实际意义的，猜对了又能怎样呢？难道用户会因为被猜对了，就去购买商品吗？但作为运营人员还是要

“猜”，确切地说是分析，用户的性别如何影响其消费决策？用户的收入水平在多大程度上影响其消费能力？用户的恋爱状态能否带来新的营销场景？想要引导某类用户消费要如何做精准推荐？这些才是用户画像背后的逻辑。

因此，不是有了用户画像，便能驱动业绩增长。而是为了驱动和业绩增长，才需要用户画像。正因这样的逻辑，用户画像的创建一定要基于业务场景。

甲是一家绿色健康美食公司的核心创始人，公司主营产品为绿色健康沙拉。该公司推出的 App 专卖各种沙拉，现在需要建立用户画像指导运营。公司现阶段最关注的是营销和销售，甲梳理了一套以顾客为中心的运营流程（见图 7–1）。

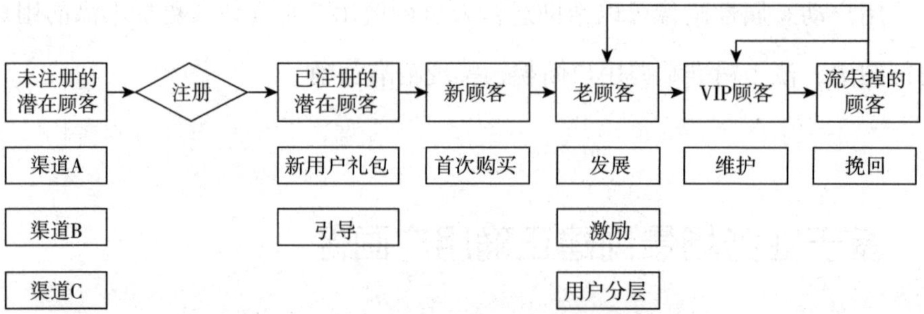

图7–1　某绿色健康美食公司的运营流程图

图 7–1 中，甲按照是否购买沙拉划分顾客，潜在顾客是尚未购买的，新顾客是只购买过一次的，老顾客是购买过两次以上的，流失顾客是曾经多次购买但如今不再购买的。

沙拉是餐饮类高频消费，应计算不同消费层的顾客留存度差异，例如，某时间段内消费达到某一额度的顾客，未来时间段是否依旧消费。

沙拉的客单价相对固定，消费额度的时间窗口应该收窄，按年（365 天）统计意义不大，按月（30 天）统计比较合理。而且沙拉是季节性产品，夏天的销量会比冬天高一些。

用户画像的统计属性，一部分靠顾客订单上的信息获取，另一部分靠和顾客不断接触获得。并且依靠所获取的信息分析顾客的具体情况，例如，某顾客的常用收货地址是写字楼或学校，可以推断该顾客是白领或学生 / 老师。

甲针对不同属性的顾客群体，采取了不同的运营策略。分为两个部分：

（1）消费流程的运营策略：将运营流程图中涉及的各层级顾客进行分类运营。例如，针对未消费的潜在顾客，会有新人红包引导消费；针对新顾客只消费一次就不再消费的问题，用叠加消费奖励的办法刺激消费；将 30 天内消费满 200 元以上的顾客定义为 VIP 顾客（如果有必要，还可以继续划分超级 VIP 顾客），有赠送饮料、优先配送的权益等优惠政策。

（2）消费群体的运营策略：将顾客分群进行分类运营。例如，针对大学生群体展开“开学季折扣”活动，重点是每年 3 月和 9 月；针对女性顾客推出“减肥沙拉”，以包月套餐的形式提高销量。

至此，甲的用户画像应该较为完善了，各项运营策略也应该很流畅，但该公司的顾客流失率始终处于上升状态。

甲对流失顾客的定义是 30 天没有消费记录的。想要更准确分析，需要找到顾客开始不消费的时间节点之前的关键因素，可以有很多种：①顾客历史窗口（30 天）内消费金额减少；②顾客历史窗口（30 天）内消费频次降低；③顾客历史窗口（30 天）内打开 App 次数减少；④顾客给过差评；⑤顾客等餐时间长……

这些可能会影响业务量的顾客行为能被挑选出来，但这些顾客行为并不能反映真实的情况，因为流失顾客的行为是动态的变化过程。例如，某顾客曾经消费很多次，但因为吃腻了就减少消费次数，逐渐成为流失顾客。

为了更好地描述顾客消费行为的变化过程，应将时间窗口细分成多个等距段（前 10 天内，前 10 ~ 20 天，前 20 ~ 30 天），以便更准确地表示顾客下降趋势。

实践证明，通过顾客行为预测顾客流失的方法是可行的，流失顾客明显减少了。但新的问题又出现了，公司为挽回流失顾客而搞了一系列活动，导致成本提高了。“亏本赚吆喝”的事不能做，甲需要调整策略，只挽回有价值的顾客，放弃那些拿了红包才消费的群体。新的策略是配合顾客消费档次区别对待，这样做虽然不能将流失顾客的数量控制到最低，但因为最大限度挽回高价值的“真爱粉”，并且降低了运营费用，整体利润提高了。

上述用户画像的所有行为都以业务场景为基础。甲的运营故事讲完了，现在你对用户画像的创建应该有一套成熟的想法了吧！

用户画像在运营中的应用

设想一个场景：某个办公地点，每天都有近十笔的奶茶订单，但分属不同的用户和不同的时间段，外卖小哥得分多次配送，如何降低人力成本呢？

平台运营人员可以在后台分析相关数据，以团购或拼单的形式促成订单合并，这样的单笔销售额和整体销售额的利润会下降，但因为外卖员的人力成本降低了，整体利润依然得到提升。

用户画像是数据分析的依据，也是实际运营中具体作用的体现，下面总结用户画像的主要应用范围：

（1）精准营销：从粗放式到精细化，将用户群体切割成更细的粒度，辅以信息推送、活动优惠等手段，行使各种渠道的精确激励。

（2）数据应用：是很多数据产品运营的基础，例如，基于一系列人口统计相关的标签，性别、年龄、学历、兴趣、偏好等进行的广告投放。

（3）用户分析：是了解用户的必要补充，例如，新增用户有什么特征，核心用户的属性是否变化等。

用户运营必须能够发现用户特征，才能提升用户增长空间。用户运营可以根据各种属性为用户打标签，并将标签关联到用户画像。假设有一款旅行类产品，提供旅行信息和服务，产品定位是年轻人的旅行帮手。在运行三个月后，这款产品勾勒的用户画像能否为运营人员提供指导（见图 7–2）？

该款产品的用户年龄特征是年轻群体占比最大，符合产品定位；用户性别特征是男性占比偏高，这就需要在实际运营中增加面向女性的优化活动；用户职业特征是自由职业者占比最大，这就需要增加一些短途旅行吸引时间不是很充裕的上班族；购买来源的前三名是分享链接、信息流和促销页，这就需要提升其他来源方式的活跃量。

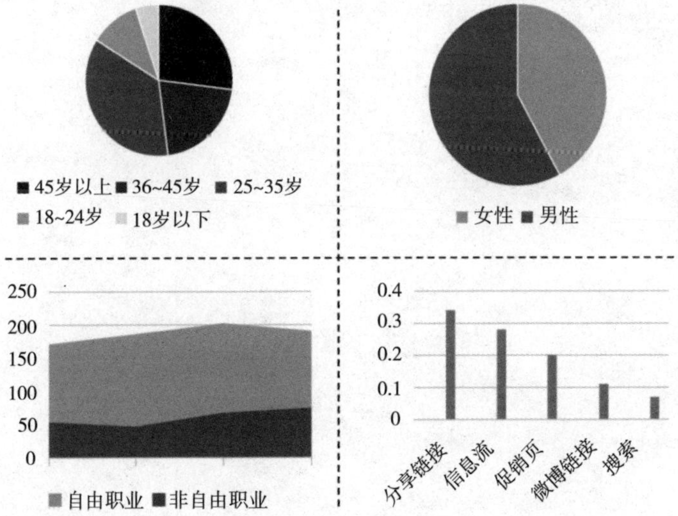

图7–2　某旅行类产品的用户画像的应用

用户画像的一大特点就是数据可视化，即视觉呈现群体或个人的用户画像，包括表格、饼状图、柱状图、条形图、面积图、散点图、雷达图等，运营人员可根据实际情况选择合适的可视化方式。

该案例的运营人员根据用户画像除了得出上述结论外，还可以尝试建立相同兴趣的行程。例如，某个行程收藏的用户比较多，其有活跃用户去过，并分享过行程攻略，就可以将活跃用户产出的内容推荐给收藏用户，刺激收藏用户完成从消费内容到消费服务的转化。因为有着相似的兴趣点，这些用户会有一些共同特征，彼此间能够更快地建立信任感，有利于最终的转化。

此外，既然分析的初步结论之一是要扩大女性用户群体，就要依据此目标找到女性用户群体对旅行类产品的关注点在哪里，并寻找女性用户群体较多的平台进行初步的核心用户挖掘，以扩大用户增长空间。

总的来说，用户画像的创建过程，就是数据、数据清洗、数据标准化和标签挖掘、标签的严整的一整套建模与应用过程。

第三篇
用户成长体系

第八章　用户分层模型

用户价值区隔分层

做用户运营总会碰到一种情况：用户个性化需求和常规运营策略是一对矛盾体，因此需要进行用户分层，对不同层级的用户采用不同的运营策略，才能达到运营资源利用和产品效益的双重最大化。

用户分层的本质是一种以用户特征、用户行为等为基础的，对用户进行细分的精细化运营手段。常见的用户分层方法是用户价值区隔分层和用户需求区隔分层，本章前两节将进行详细阐述。用户价值区隔分层分为如下两个维度：

1. 依靠用户生命周期对用户进行价值区隔

用户生命周期一般分为四个阶段，即新手期、成长期、成熟期、衰退期，当然并非每个用户都会经历完整的生命周期。

（1）新手期：用户对产品一点都不了解，也不知道产品能带来什么价值。

（2）成长期：用户对产品有了一定了解，对产品提供的价值有了一定的了解和认可，并且建立了初步的使用习惯。

（3）成熟期：用户对产品已经非常了解，使用频率和使用时长显著提高，形成了高度使用习惯，能够为产品贡献较高的价值。

（4）衰退期：曾经可能是成长期用户或成熟期用户，但现在已经很少使用该产品或者不再使用该产品。

2. 依靠用户关键行为对用户进行价值区隔

根据用户的关键行为来进行划分，最典型的方法是 RFM 方法，通过 RFM 方法可以将用户分成八大类型，即重要价值用户、重要发展用户、重要保持用户、重要挽留用户、一般价值用户、一般发展用户、一般保持用户、一般挽留用户。

RFM 方法模型的呈现方式是模拟对正方体的三面切割，为了便于理解，在此进行详细阐述：一个正方体，有两个 *a* 面，两个 *b* 面，两个 *c* 面；正方体的长、宽、高，分别为 *X* 轴、*Y* 轴、*Z* 轴（因为是正方体，所以长、宽、高等长）。现在，从 *a* 面沿 *X* 轴方向平行切一刀（即图 8–1 中的横虚线），正方体被分成上下两块；再从 *b* 面沿 *Z* 轴方向平行切一刀（即图 8–1 中的竖虚线），正方体被分成四块；再从 *c* 面沿 *Y* 轴方向平行切一刀（即图 8–1 中的斜虚线），正方体被分成八块。这八块就是用户的八个类型（见图 8–1、图 8–2）：

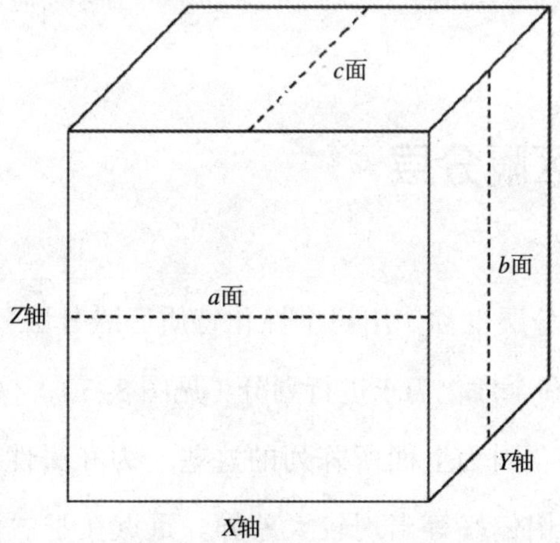

图8–1　RFM模型的切割演示

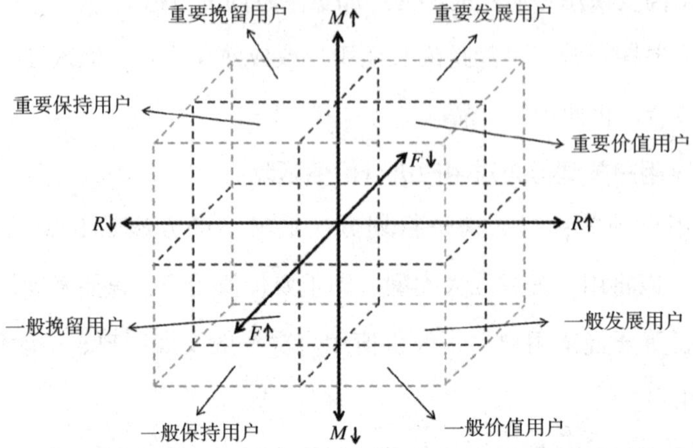

图8-2　RFM模型表示的用户八大类型

RFM 模型的核心逻辑是找出影响用户价值高低的关键行为，然后进行交叉分析和用户划分。所以，RFM 模型在不同领域有不同的定义。例如：①在金融领域，*R* 代表最近一次投资的时间，*F* 代表投资频率，*M* 代表投资金额；②在直播领域，*R* 代表最近一次观看直播的时间，*F* 代表观看频次，*M* 代表观看总时长；③在游戏领域，*R* 代表最近一次玩游戏的时间或最近一次游戏充值的时间，*F* 代表游戏频次或充值频率，*M* 代表游戏时长或充值金额。

用户需求区隔分层

用户需求区隔分层也称“用户个性化特质区隔分层”，常见的维度是通过用户的自然属性和个性化需求进行划分（见图 8–3）。

分析用户是否会因为上面所陈列的这些行为和属性的不同，导致其需求、使用动机、使用偏好等出现较大差异。重点在于“是否有重大差异”，比如地区划分，一线城市和二线城市的差异性不是很大，但一线城市和四线城市通常是可以区分的。也就是说，必须寻找那些具有重大差异的方面，忽视那些细微差异。那么，如如何进行判断呢？有如下两种方法：

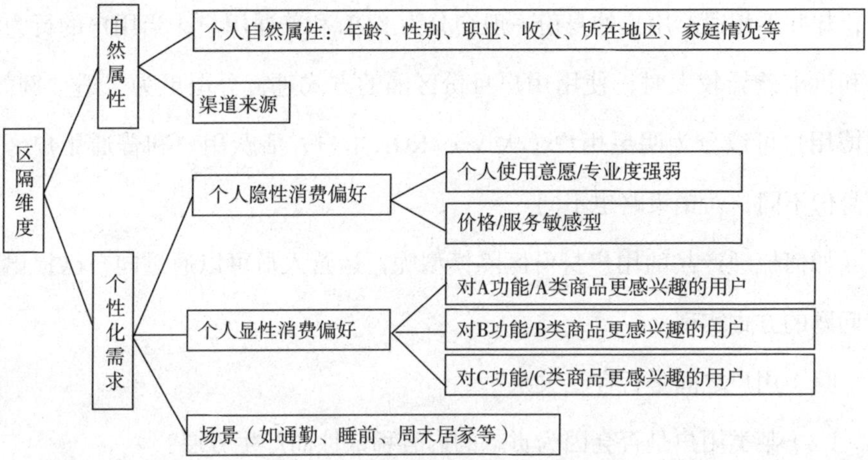

图8–3　用户个性化特质区隔的双维度

（1）常识洞察：通常是用户行为方面呈现出显而易见的不同。比如一个女性，在单身时和结婚后，其需求一定是有变化的，当其成为妈妈后，需求又是不一样的，可以用常识去判断。

（2）数据说话：可能在用户行为方面未呈现明显不同，但通过数据就能洞察出变化。比如用户因为渠道来源的不同，在使用偏好上会呈现差异。

进行用户个性化特质区隔分层时有两种选择：①单维度区分，即选择一个维度对用户进行划分。例如，某女性生活服务 App，在用户不同的状态下（备孕、怀孕、产后等不同阶段）推送不同的内容；②双维度区分，即选择两个维度进行交叉区隔对用户进行划分。例如，某购物平台 App，根据用户的性别、年龄和消费偏好等属性，给不同用户推送不同的产品。

用户个性化特质区隔分层主要是，通过分析用户的需求是否在自然属性维度和个性化需求维度上有明显差异，通过经验洞察和数据分析两种方法进行判断。因此，要想通过用户个性化特质需求分层，产品内一定要能够通过行为数据、基础数据或标签等，来为用户的个性化需求定性。

用户个性化特质区隔分层很像用户身份区隔分层，其实两者有相通之处，却并不相通。用户的身份一般会分为 KOL 和普通用户，当用户的行为特征和诉求差异较大时，使用用户身份区隔的方式进行分层更为合适。例如，微博用户可以分为明星用户（大 V）、KOL 用户、活跃用户和普通用户。用户身份不同，营销策略也不同。

如何梳理产品的用户身份区隔模型呢？运营人员可以通过向自己提出三个问题的方式实现：

（1）用户之间是否存在关系？

（2）某类用户是否会因为贡献的内容稀缺性而产生分层？

（3）用户之间是否可以在自然状态下实现层次的跨越？

这三个问题相互之间并不孤立存在，而是相互关联的，想要回答其中一个问题，要同时思考另外两个问题。

如果用户之间不存在关系，就不适用身份区隔分层模型。如果用户之间存在关系，且会因为贡献内容稀缺性而产生用户分层，就可以根据贡献度和稀缺性搭建用户分层模型。同时，如果不同层次的用户可以自然进阶，就要根据进阶的层次设定搭建用户分层模型。

三维分层模型

用户分层最终要实现的目标，是以最小的运营成本实现产品收益的最大化。用户分层的两大核心：①不同层级的用户可以用明确的数据标签、属性标签定义；②不同层级的用户运营策略是有针对性且稳定的。

用户分层模型构建的核心维度可以是一个，也可以是多个（一般不会超过三个）。因此，可按分层维度的数量，将用户分层模型归纳为一维、二维、三维，共三类分层模型。

1. 一维分层模型

这是最常见的用户分层模型，仅基于一个最核心的维度对用户进行划分。一维分层模型中的用户一般会沿着核心业务维度的链路方向呈逐级的线性迁移状态（见图 8–4、图 8–5）。

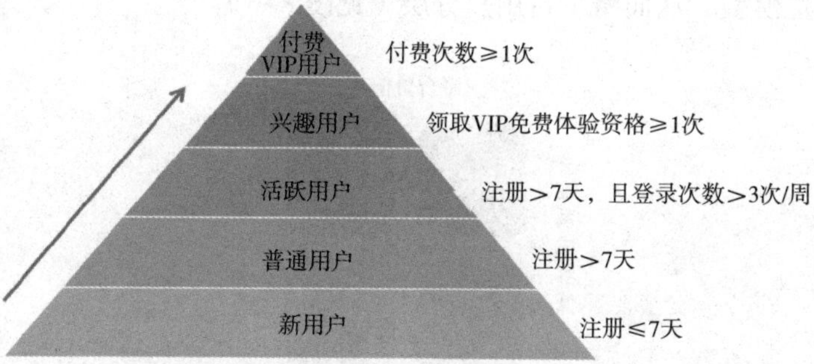

图8–4　一维用户分层模型之用户金字塔模型

图 8–4 是基于用户平台价值维度构建起的用户金字塔模型分层，从下到上用户价值依次递增。

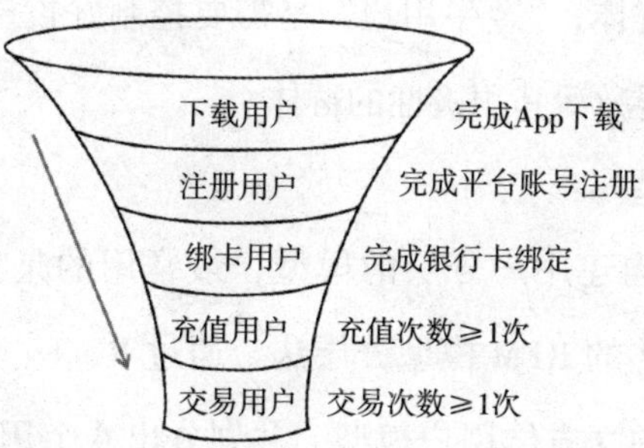

图8–5　一维用户分层模型之漏斗模型

图 8–5 是基于用户交易链路构建的用户漏斗转化分层模型，从上到下新用户一步步被转化为交易用户。

一维用户分层模型可能出现跨级迁移的状态，比如图 8–4 中，某用户在 7 天内就完成了付费，跃迁到最高一级。此外，重点用户层还可进一步分层运营，比如图 8–4 中的“付费 VIP 用户”，可以根据付费次数、付费金额数值等条件，切分出多个 VIP 等级，进行差异化运营。

2. 二维分层模型

选取两个核心业务维度进行二维建模，可采用波士顿矩阵分析法，又称“四象限分析法”。根据用户的平台价值、维系成本高低这两个指标维度，构建二维用户模型，从而将平台用户分层（见图 8–6）。

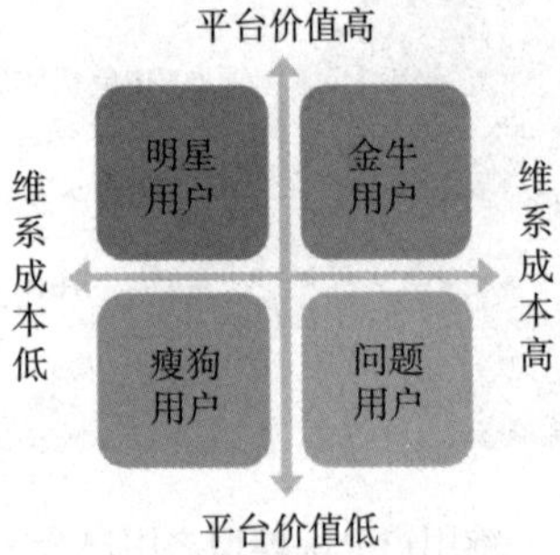

图8–6　二维用户分层模型之四象限模型

图 8–6 中，“明星用户”是需要重点培育和做大的群体；“问题用户”是需要控制和优化的群体；“金牛用户”是需要控制好投资回报率的群体；“瘦狗用户”是需要不断激活其积极性的群体。

3. 三维分层模型

从三个维度来构建用户分层的模型，最常用的是在“用户价值区隔分层”一节中详细阐述的 RFM 模型分层法。通过 R、F、M 三个维度的交叉建构，得到一个三维的立方体用户模型，共划分出八个用户层，便于衡量用户价值特征，并分别制定运营策略。

需要注意的是，在二维及以上用户分层模型中，都涉及维度高低分界值的选取问题，可以与行为识别系统、算法团队合作，通过“二八原理”、正态分布分析等方法挖掘关键节点的数据，再结合业务经验和数据来确定、验证和调优。

根据用户分层，可以明确各类用户群的总体运营目标，再制定和模型对应的运营策略，逐步构建系统化的运营体系，形成基于用户分层的精细化运营“作战地图”。

AARRR 模型

AARRR 模型由获取新用户（Acquisition）、提高用户活跃度（Activation）、提高用户留存率（Retention）、增加收入（Revenue）、裂变式传播（Referral）五部分构成。

一般情况下，AARRR 模型主要用于用户增长方面，本质是把其中的每一个 A 和每一个 R 都视作一个用户层级（见图 8-7）。

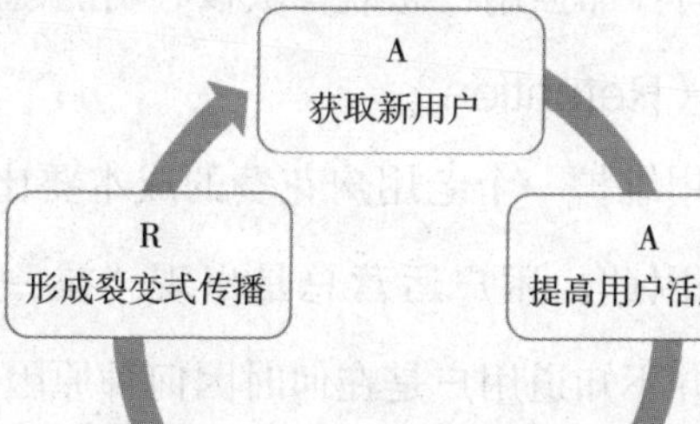

图8-7　AARRR模型

1. 获取新用户（Acquisition）

无论什么产品，获取用户都是用户运营的第一步，本质上是通过不同的渠道和宣传方式吸引用户。

如何界定该层级用户：下载产品但未注册，或者完成注册但无进一步行为的用户。

该层级重点关注方向：不同渠道之下，用户最有效的获取方式和手段。

制定运营策略的导向：针对不同渠道或不同类型的用户，精细化运营，提升获客效率。

2. 提高用户活跃度（Activation）

必须注意推广渠道和宣传方式的质量，通过推广渠道进入的用户，很多都是一次性试用或消费的用户，即只在下载安装时使用了一次，之后就再也没有启动过。因此，需根据产品特征优化推广渠道，将其与用户人群特征巧妙结合，将这些一次性用户更多地转化为长期活跃用户。

如何界定该层级用户：注册完成，但尚未走完预设的核心路线或者说未意识到产品的价值。

该层级重点关注方向：如何让用户更好地走完已设计好的核心路线？人工方式？奖励方式？引导方式？

制定运营策略的导向：加强用户完成首次核心功能使用体验的引导。

3. 提高用户留存率（Retention）

调查显示，一款应用维护一个老用户花费的成本要比吸引一个新用户开始使用花费的成本低。因此，用户运营总是出现“拉一个，丢一个”的问题，而且很多运营人员并不知道用户是在何时因何种原因流失的。

因为拉新比留存成本高，运营人员需要收集并计算日留存率、周留存率、月留存率、季度留存率、年留存率等指标，以具体了解用户流失情况，寻找用户流失的底层原因，再通过改进产品或者运营方法实现用户留存。

如何界定该层级用户：走完核心路径后持续留存时间不足的用户。

该层级重点关注方向：思考如何为用户此后的使用创造持续动机。

制定运营策略的导向：针对留存问题进行定向分析，然后制定策略。

4. 增加收入（Revenue）

收入是用户运营人员最关注的数据。无论是何种盈利模式，都要通过用户来获取收入。因此，必须提高用户活跃度和留存率，让更多用户为产品的内容进行消费，以获得更高收入。

如何界定该层级用户：已经走完核心路径，且持续留存时间超过一定值的用户。

该层级重点关注方向：思考如何面向用户售卖产品，完成变现（不只是一次性变现，而是持续变现）。

制定运营策略的导向：针对特定用户，结合特定场景，加强对付费方面的引导和激励。

5. 裂变式传播（Referral）

以前的用户运营模型只有前四个层级，随着互联网时代的到来，各种社交产品的运用，增加了自传播层级，即裂变式营销。

自发性的裂变式传播不但成本低，且获取的用户质量好。但前提是必须保证足够优秀的产品质量、有创意的产品内容及有保障的产品服务。

如何界定该层级用户：活跃频次超过一定基数的用户。

该层级重点关注方向：如何为他们设计更好的自发传播和提高口碑的工具。

制定运营策略的导向：抓取场景，通过工具或策略引导用户完成传播。

以上是对AARRR模型各环节的具体解释。下面通过具体案例呈现AARRR模型的分层运营思路（以某社交平台为例）：

第一步——用户获取

用户定义：下载未注册，注册后尚未发生任何动作的用户。

运营策略：按照不同渠道、不同用户背景进行针对性引导，优化注册效率。

第二步——用户激活

用户定义：注册后尚未完整填写信息并关注 30 人的用户。

运营策略：采取用户引导方式，给予用户激励，让用户完成信息填写并关注 30 个用户。

第三步——用户留存

用户定义：完成信息填写，首次使用后一周内再无访问或访问频率低于业务次数要求的用户。

运营策略：思考如何提高用户的 7 日留存率。

第四步——获得收益

用户定义：连续 3 个月都有使用行为，且在该社交平台发生过求职行为的用户。

运营策略：给一周发生超过 5 次以上求职行为的用户推荐付费求职产品。

第五步——推荐传播

用户定义：15 天内登陆超过 5 次，每次使用时间超过 5 分钟的用户。

运营策略：定期推送站内热门话题或观点，邀请用户参与传播。

在充分了解了 AARRR 模型的理论和具体实践后，还需要知道通过 AARRR 模型做用户运营的五个要点，即五项必须关注的数据：市场数据、产品数据、运营数据、技术数据和专业数据分析师整理的数据。

第一，关注市场数据。

（1）前瞻性：不局限于当前的市场规模，还要关注未来十年产品的用户规模。

（2）预判性：根据数据的变化，随时调整生产数量和完善产品功能。

第二，关注产品数据或设计数据。

（1）关注自身产品数据：发现不足，弥补不足，通过数据层面的逐渐完善达到产品的完善。

（2）关注竞品数据：尽可能多地掌握主要竞品的设计数据，不断发现潜在竞争对手的设计数据。

第三，关注运营数据。

运营数据与用户留存率密不可分，因此关注的点比较多，如产品的性能数据、产品的销量数据、产品的销量变化数据、用户的偏好数据、用户使用体验数据、用户的反馈数据等。用户运营人员需要关注这些数据的变化情况，并思考数据变化背后的原因，日益完善产品功能和营销策略。

第四，关注技术数据。

技术数据与产品盈利直接挂钩，因为先进的技术能有效提升产品的生产效率和工艺质量。用户运营人员要将眼光锁定在前沿科技上，及时发现最新科技，向技术部门提出建议，满足用户对产品最新功能的迫切需求。

第五，关注专业数据分析师整理的数据。

用户运营人员即便再关注技术，其整理的数据也不会比一名专业的数据分析师分析和整理出的数据更有价值和指向性。因此，用户运营人员需要时常关注行业内专业的数据报告，根据数据报告内有价值的内容及时调整和优化产品。

第九章　用户成长系统

等级系统：确立用户成长路径

通过引导用户完成指定行为，帮助用户成长，把用户由新手期、成长期逐渐提升至成熟期，反映在数据指标上则是提升用户的活跃度与留存率，就是等级系统。

等级系统具有五项特征：

（1）等级与经验值和权益成正比关系。引导用户通过完成指定行为获得经验值，不同经验值对应不同等级，不同等级对应不同权益，等级越高，权益越大或稀缺。

（2）等级一般不超过 15 个，太多等级会给用户带来难以达到的预期，进而使用户放弃提升等级。

（3）等级与关键行为相结合。用户的关键行为往往包含持续性行为，如每日登录、每日签到等。

（4）等级与经验值呈幂函数关系。随着等级提升，所需的经验值越来越多，在资源有限的情况下，优质资源一定会向少量高价值用户倾斜。

（5）等级是不可逆的。用户在平台的成长是已存在的事实，且等级系统的权益成本不高。

构建等级系统的目的在于让用户产生社会认同感，不同层级的特权也能满足用户的虚荣心，以提升产品的活跃度和留存率。

搭建用户等级系统，必须先建立完善的用户等级体系框架。需考虑等级的层级数量和层级关系，各等级对应的升级政策与激励政策，还要考虑升级规则的量化指标（如经验值、成长值）。下面以知乎为例，具体阐述用户等级系统的搭建。

知乎创作者共分为 10 个等级：Lv1 ~ Lv10，持续创作优质内容可提升创作分和创作等级。创作分是根据创作者在社区所有的创作行为，包括“回答”“文章”“视频”“想法”“提问”等，结合创作内容的质量、影响力以及与关注者的互动情况，从“创作活跃度”“内容优质分”“创作影响力”“关注者亲密度”“社区成就分”五个维度计算出综合得分。

通常每天 18：00 更新前一天创作分变动数值，随着创作分不断更新，创作等级也会随之调整。不同的创作者等级会获得不同的创作权益，等级越高，获得的创作权益就越多。

1. 等级提升

知乎的产品定位是高质量的互联网问答分享社区，即以问答的方式产出高质量的内容。作为一个用户生成内容（User Generated Content，UGC）社区，内容的数量和质量是产品的生命，因此应与等级体系强关联。用户通过创作回答、写文章、发视频、开直播、写圈子、提问等主动行为来提升自己的创作等级。

2. 奖励政策

知乎等级体系激励政策从权益性和资源性方面考虑，分为两种策略：

（1）特权差异化：不同等级的用户可以解锁不同的特定功能，分层级逐步享受高等级的产品体验。目前知乎中共有内容分析、好物推荐、内容自荐、品牌特邀、赞赏功能、圆桌主持人、自定义推广、专属小管家等 26 项特权，不同等级解锁不同权益，获得不同的体验。

（2）资源倾斜：对于特定等级的用户，从运营角度可以获得更多曝光推荐，从技术角度可以在排序算法上予以权重的增加。等级较高的用户拥有内容自荐的特权，能够使自己的回答、文章、视频得到更多的曝光。

3. 量化标准

知乎的创作者等级由“创作活跃度”“内容优质分”“创作影响力”“关注者亲密度”“社区成就分”五个维度构成。其中，创作活跃度是反映创作者在平台的参与深度与广度的分数，内容优质分是反映创作者整体内容质量的分数，创作影响力是反映内容浏览者对内容创作者所创作内容的认可度分数，关注者亲密度是反映创作者与其所创作的内容评论者之间的关联度分数，社区成就分是反映内容创作者对社区整体贡献的分数。知乎官方会对每一位用户的这五个方面制定比较详细的管理策略，以使创作者能够持续输出高质量且具有影响力的创作内容。

会员系统：提升用户未来价值

会员系统通常与付费相关联，目的是提升付费用户的价值、活跃度及留存率。

会员系统按与用户关键行为的绑定关系分为两类：

（1）与用户的关键行为绑定，本质是付费用户的成长体系，具有代表性的是视频平台的会员。

（2）不与用户的关键行为绑定，仅提供权益，在电商类平台比较常见。

会员系统的等级通常是可进可退的，会员系统的等级权益按周期发放，相比等级系统成本更高，且会员等级的倒退将对用户形成负向激励。

为用户搭建会员等级系统，等于让用户持续提升价值。建立会员系统的核心是确立会员等级和设置会员权利，下面分别进行介绍。

1. 确立会员等级

通常由内外两条路径并进完成本步骤，包括：①行业参考：参考竞品的会员等级设置，借鉴成功经验；②评估自有产品：若产品处于成长期，建议分级不宜太多，以 5 ~ 7 级为宜；若产品已有较丰富的激励经验，且有一定历史数据作为支撑，可以结合数据将等级细分，以 8 ~ 12 级为宜。

2. 计算各会员等级成长值区间

（1）设定会员最快升级所需天数。假定会员等级为 7 级，设定用户从 0 级到 7 级的升级最快时间分别为：7 天、14 天、1 个月、3 个月、6 个月、12 个月、24 个月，即一个新用户要从最低级升级到最高级，最快需要 2 年。

（2）预估用户行为参与度。结合任务特性和难易程度（或结合历史数据），预估用户在上述 7 个时间段（7 天、14 天、1 个月、3 个月、6 个月、12 个月、24 个月）内参与完成各个任务的频次（或参与度）。

（3）计算成长值区间。结合各个任务激励的成长值和参与度，计算出用户要达到 1 ~ 7 级所需要的成长值，从而得到成长值区间。

3. 确立会员等级有效期

建议设置会员等级有效期，以免用户在达成一定成就后便不再活跃，却依然享受着高等级的权益待遇。一般会员等级有效期为 1 年，到期后平台会根据用户过去一年的分值情况重新匹配新的等级。

会员等级有效期的设定应与产品性质有关，高频产品的会员等级有效期可设置得短一些，低频产品的会员等级有效期可设置得长一些。

某购物平台规定，会员有效期是自升级后的一年内，级别过期后，根据每位会员过去一年的成长值重新调整会员级别。如果在会员级别到期后未达到升级条件的，将顺次下调为其他会员级别，同时按照下调日更新会员级别有效期。

4. 设置会员权益

要遵循四项原则：①权益有实际的价值；②各等级权益差异化；③使用权益促进消费以及提高活跃度，形成闭环；④权益成本可控。

梳理已有的权益，开环权益或闭环权益都可以，最好是闭环权益，可以促进用户更多地在平台活跃或产生转化。

较高等级的会员权益应有一两个专属权益，促使高质量会员的持续贡献；低等级的会员权益也要具有一定吸引力，促使新用户愿意提升会员等级。

积分系统：引导用户主动积累

积分系统的主要形式是引导用户完成指定行为且获得积分，所获积分以一定比率可兑换成现金或其他权益。

实施积分系统需要注意以下事项：

（1）不是所有产品都需要积分系统。当产品对用户的价值不够或吸引力不足，需要设置积分系统，激励用户通过获得额外奖励的方式去提升活跃度及留存率。

（2）不是所有用户都需要积分系统。那些已经非常活跃或者对积分不敏感的用户，积分系统反而会对用户的心智和行为造成干扰，导致用户流失。

（3）用户关键行为选取。用户关键行为分为两种：①一次性关键行为：该关键行为完成以后对用户留存产生一定的影响，如社交产品里完善了资料的用户更易留存；②持续性关键行为：需要控制每天的得分上限。

（4）用户关键行为的价值换算。需要根据用户关键行为的难易程度以及重要程度进行合理的价值换算。

（5）积分系统需要及时触达。对积分等级敏感的用户会被积分系统吸引，因此用户的行为任务的进展需要实时触达，形成感知闭环。

积分体系的任务会比等级体系的任务更加庞杂多样，任务目的多是提升产品留存和活跃的数据指标，通过设置不同的积分规则，对达到相应标准用户进行一定程度的奖励。

以网易云音乐积分体系为例，其积分体系是以用户能力（体现为用户行为）和用户贡献度（体现为用户和产品的关系）为标准。网易云音乐的“云贝”由积分升级而来，用户可以通过签到、做任务、参与活动等多种方式获取“云贝”。下面，以网易云音乐的“云贝”积分设计体系为例，详细阐述积分获取和消费的原则。

1. 积分获取规则

积分获取分为三步：①罗列用户在产品中可能发生的行为；②找到对核心商业目的有关联影响的行为并进行排序；③根据权重和排序情况对各行为设置积分。

建议有针对性地选取用户主动操作的行为，如每日签到、邀请好友、完成任务、参与特定活动获得积分等。最常见的任务是“每日签到”，目的是让用户能每天打开 App，以提高产品的活跃用户数。

在实际操作中，还有各式各样的任务，不同类型的产品所期望的用户行为各有不同。网易云音乐获取积分的方式有三类：

（1）通过相关任务获得“云贝”，如签到、完善个人信息、生产或消费更多好内容等。

（2）通过相关玩法获得“云贝”，如火前留名、赏音猎人、评论赞赏等。

（3）通过相关活动获得“云贝”，如乐评团活动、让音乐看得见等。

积分对用户必须具有实质价值，且价值稳定可见。不同难度的用户行为需要对应的不同数额的积分，对积分获取要规定上限。

2. 积分消费规则

积分消费的载体以虚拟服务、优惠券和实物为主，策略为：①消耗积分参与特定活动；②消耗积分兑换相应权益；③消耗积分触发某些功能；④消耗积分抵扣现金。

网易云音乐可以使用“云贝”进行权益兑换，参与抽奖、直播打赏、参与活动等。积分要定期清零，给用户施以紧迫感，在到期之前花费积分，而不是只积攒不消耗。网易云音乐的“云贝”有效期为当年及次年，每年 12 月 31 日 24：00，系统自动清理一年前获取但未使用的“云贝”。积分商城采取“积分 + 少量现金”的形式进行奖品兑换，促成了二次消费的功效。

成就系统：激励用户自我开发

成就系统是用户之间的互动形成的数据从而产生的激励，如浏览数、点赞数、收藏数、关注数、打赏数等。强调的是他人对用户贡献的肯定，因为产出受欢迎的内容而在平台上获得欢迎，对于创作者是最好的鼓励。

社交分享平台——公众号对成就系统应用得淋漓尽致，内容创作者尤其注重浏览数、点赞数、收藏数、留言数、转发数、关注数等数据，数据好看对创作者会产生很强烈的激励效能。这种激励模式产生的效果回路虽然简单，却十分有效；上传→收获点赞→下一次上传，UGC 的闭环运转起来，即时反馈让用户更加愉悦。

某生活文艺公众号，经常发表一些既轻松又有深度的文章，还发表一些个人画作和诗歌。这个公众号下聚集了一批同样充满了文艺气息的人，时常交流互动。

这一切的开始仅是因为用户获得了他人的认同，得到了最本质的激励。人是社会性动物，社交层面的激励有其他激励方式很难比拟的优势，它会拉动一个人内心最深处的需求，也能从内心深处满足这种需求。

成就系统不仅包含数据性的激励体系，还有一些更具有现实意义的激励方式，即由成就系统演变而来的勋章系统。

因此，勋章是实际荣誉的虚拟体现，属于人类精神层面的追求。如今在很多产品中也引入了勋章激励机制，让用户更深切体会到荣誉感。

勋章系统更多是跟其他激励体系组合使用，分为两类：①任务类勋章：按照先后逻辑关系或难易程度，进行等级划分；②指标类勋章：按照量化指标划分等级，等级的提升意味着获取更高等级勋章的难度越来越大。

某社交型跑步 App 的勋章体系是跟成就体系组合起来的，用户完成相应的成就会获得相应的勋章。作为运动类社交社区需要用户持续输出，因此在设计时需考虑运动积累和时间积累的双标识体系，激励用户持续性输出而获得勋章。

该 App 勋章系统的与众不同之处是其将虚拟勋章做成实体勋章邮寄给用户，这个举措进一步增强了用户的荣誉感和社区归属感。

指标类勋章在设定等级及获取条件时，需要考虑用户的成长速度。不仅要计算出正常用户获取时间，还要计算出极端用户（极端积极用户和极端不积极用户）的获取时间。

因此，设置各等级勋章的获取条件时，需要经过细致的模拟推算，设定一套符合用户成长速度的科学成长模型，模型的设定需要遵循先易后难的原则，难度随等级呈阶梯式增长。

勋章的视觉设计要遵循同一类别中不同等级的勋章应保持统一性的原则，通过内部区别来区分等级。

第十章　用户生命周期模型

用户生命周期理论

用户生命周期理论也称“用户关系生命周期理论”，是用户关系水平随时间变化的发展轨迹，动态地描述了用户关系在不同阶段的总体特征。

用户生命周期可分为新手期、成长期、成熟期、衰退期和死亡期五个阶段（见图 10-1）。新手期是用户关系的孕育阶段，成长期是用户关系的快速发展阶段，成熟期是用户关系的稳定阶段，衰退期是用户关系水平发生逆转的阶段，死亡期是用户关系终止阶段。

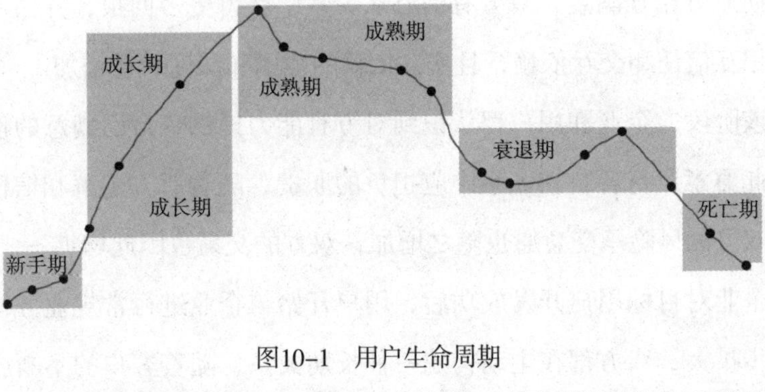

图10-1　用户生命周期

图 10-1 看上去像是从生到死的生命演化，但深藏的潜台词则是：用户留存越久，价值越高。当然，单一产品满足用户需求的能力是有限度的，因

此用户关系会衰退。在衰退期，如果产品能够顺利迭代，还有可能重新进入成长期；但如果产品没有完成迭代，就会进入死亡期。下面对每一个用户生命周期进行详细解释。

1. 新手期

这是企业与用户双方的探索和试验阶段。该阶段要重点考察双方目标的相容性，观察对方的表现，测试对方的诚意，以及建立长期关系时双方的潜在责任、权利和义务。

缺乏相互了解和不确定性是用户新手期的基本特征，因此，企业和用户都要评估对方的潜在价值，降低不确定性是该阶段的核心目标。

企业和潜在用户会建立初步沟通关系和对所有潜在用户进行调研，以确定可开发的目标用户。用户渴望对企业业务有所了解，企业要利用各种渠道进行解答，在得到正向答案后，用户可能会进行一些尝试性订单，但也仅限于此。因此，该阶段企业有了用户关系投入成本，但用户尚未给企业做出大的贡献。

2. 成长期

这是企业和用户的关系快速发展阶段。双方关系能进入这一阶段，表明在新手期双方相互满意，双方有信心从关系中获得更多回报，并由此建立起一定的相互信任和交互依赖，且交互依赖的范围和深度日益增加。

在该阶段，企业和用户都认识到对方有能力提供令自己满意的价值或利益，因此愿意履行各自在关系中应担负的职责，随着双方了解和信任的不断加深，双方的风险承受意愿也随之增加，双方的交易也因此增加。

当企业对目标用户开发成功后，用户开始与企业进行常规业务往来，且业务逐步扩大，双方都在主动构建一种长期关系，随着客户的不断成长，双方关系日趋成熟。

该阶段的企业投入相比用户新手期要小得多，主要是发展投入，目的是提高用户的满意度和忠诚度，进一步扩大交易量。用户开始为企业做贡献，企业从用户交易获得的收入已经大于投入，实现了盈利。

3. 成熟期

这是企业与用户的关系发展的最高阶段。双方的态度不管含蓄还是明确，都只为印证一件事，即持续保证长期的合作关系。

成熟期的双方关系有三个明显特征：

（1）企业和用户都对对方提供的价值高度满意。

（2）为能长期维持稳定关系，企业和用户都主动进行了有形和无形的投入。

（3）企业和用户在公平公正的基础上进行了大量的交易。

该阶段企业和用户的交互依赖水平达到整个关系发展过程中的最高点，双方处于一种相对稳定的状态。此时企业的投入最少，用户为企业做出的贡献最大，双方交易量处于最高盈利时期。

4. 衰退期

这是企业和用户的关系水平逆转的阶段。当用户与企业的业务交易量逐渐下降或急剧下降，而用户自身的总业务量并未下降时，说明用户进入衰退期。引起关系退化的原因有很多，核心原因是一方或双方经历了一些不满意的场景，导致需求得不到满足。

衰退期，企业和用户的关系有三个明显特征：

（1）交易量持续匀速下降或者断崖式急速下降。

（2）一方或双方正在考虑结束关系，甚至已开始物色候选关系伙伴（其他品牌产品或其他用户）。

（3）明确结束关系。

需要引起注意的是，关系的退化并不一定发生在成熟期后的第四阶段，而是在用户生命周期的任一阶段都可能发生。

面对用户衰退，企业有两种选择，不同的选择就会有不同的投入和产出：

（1）加大对用户的投入，进行用户关系的二次开发，恢复与用户的关系。

（2）不再做过多的投入，渐渐放弃这些用户，重新开发新目标用户。

5. 死亡期

当用户不再与企业发生业务关系，且企业与用户之间的债权债务关系已经厘清时，意味着客户生命周期的完全终止。该阶段企业有少许成本支出，但无收益。

用户生命周期管理解决的问题

什么是用户增长系统？即存量、流量通过各种反馈过程相互作用的一个体系。该系统的目的是不断提升用户规模和用户质量。其中活跃用户是存量，新增用户与流失用户是流量。用户生命周期管理则是这个系统的反馈方式，应不断加强该系统的增长（见图 10–2）。

图10–2　用户增长系统

用户生命周期管理是从用户全生命周期的视角对用户进行引导和干预，核心作用可以用公式推导进行解释：

$$企业毛利润=LTV-CAC=LT\times ARPU-CAC$$

其中，LTV（Life Time Value）指用户生命周期价值；CAC（Customer Acquisition Cost）指用户获取成本；LT（Life Time）指用户的生命周期长度；ARPU（Average Revenue Per User）指统计周期内每用户平均收入。

从上述公式可以看出，企业毛利润等于用户价值减去获客成本，而用户生命周期管理核心解决的是用户价值提升的问题，具体为提升 ARPU 和延长 LT。

关于用户生命周期管理最常见的图形是以用户价值为纵坐标，以用户留存时间为横坐标的用户价值曲线，并依据用户留存的时间将用户划分为五个阶段：新手期、成长期、成熟期、衰退期和死亡期（见图 10-1，在上一节中）。

因为不是每个用户都会走完这五个阶段，比如某用户下载了一个 App 后，随即又删掉了，则其经历了新手期和死亡期两个阶段。因此，针对单个用户而言，生命周期管理模型应该是两个状态的交叉：①用户的成熟 / 价值状态：新用户、成长用户、成熟用户；②用户的活跃状态：活跃、流失。

如果将上述两个状态进行等级划分，再进行交叉，用户将会呈现活跃和流失两种状态（见表 10-1）。

表10-1　用户生命周期的两种状态

状态	新用户 →	成长用户 →	成熟用户
活跃 ↑	活跃新用户	活跃成长用户	活跃成熟用户
流失	流失新用户	流失成长用户	流失成熟用户

（1）活跃新用户：刚接触产品，还没有体验到产品的核心价值，但是对使用产品抱有积极态度。

（2）活跃成长用户：已经体验到产品的核心价值，并在产品中发生了关键行为，初步养成了使用产品的习惯。

（3）活跃成熟用户：在使用产品的过程中连续发生关键行为，养成了长期使用产品的习惯，对产品持续贡献价值。

（4）流失新用户：刚接触产品，甚至还未开始正式使用产品，就放弃了产品。

（5）流失成长用户：使用产品的频率逐渐降低，不再特别关注产品。

（6）流失成熟用户：使用产品的频率骤降，产生一些负面的关键行为。

由表 10–1 可以看出，在实际操作中，并不一定安全按照用户的五个生命周期阶段进行划分。表 10–1 的六类划分方式如果对于用户运营更有效果，也是可行的。其实，企业究竟如何将用户生命周期进行划分，需要根据品牌 / 产品具体的用户体量、所处行业、市场竞争情况来判断，实操中也有一些企业将用户生命周期划分为四种，即新用户、健康活跃用户、预流失用户和流失用户。

只要是符合企业实际情况的划分方式，都可以实施。但无论采用哪种划分方法，生命周期管理都要遵守两点原则：

（1）持续成长原则：让新用户成长为成长用户，让成长用户成长为成熟用户，不断提升用户价值。

（2）防止流失原则：对已流失的用户进行召回，对未流失的用户保持促活，不断提升用户活跃。

上述两原则都是为了提升用户在平台的贡献价值，所以用户生命周期管理的本质就是管理用户价值。

搭建用户生命周期管理模型

根据前面两节对用户生命周期理论的阐述，可以将“搭建用户生命周期管理模型”拆解为两个问题：搭建用户成长路径和延长用户生命周期。

1. 搭建用户成长路径，提升用户价值

第一，确定新手用户、成长用户和成熟用户的数据统计口径。

搭建用户成长路径，也是引导用户从低价值向高价值转化的过程，因此必须要先区分用户的价值高低，且按照统一标准执行。

第二，梳理用户的关键行为。

用户价值的提升主要通过在产品上完成关键行为去实现，因此先对用户的关键行为进行梳理，找出那些有价值的行为。不同类型的产品对应的用户关键行为不同。

例如，互联网面向 C 端商业模式的用户关键行为，可以分为直接付费和不直接付费。直接付费的产品通过成交额直接转化为收益，用户价值体现在交易量和交易频率上。因此，直接付费产品的用户关键行为是那些与交易直接或间接相关的行为。如电商平台用户的购物行为、直播平台用户的打赏行为。不直接付费的产品通过用户流量进行变现，用户价值体现在访问频率和访问时长上。因此，不直接付费产品的用户关键行为是那些对产品营收有直接或间接帮助的行为。如内容平台的浏览、关注、评论、分享等互动行为。

第三，寻找路径的最优解。

在确定了不同价值用户的统计口径和用户关键行为后，需要通过数据分析不同用户关键行为之间的差异。

用户不发生某种行为，并非其主观不想做，可能是因为其不具备该行为的能力，例如，在短视频平台上发布高点击率视频的行为，在内容输出平台上输出高质量内容的行为。

斯坦福大学的心理学家福格教授认为，人的行为由动机、能力和触发条件三要素组成，当这三个要素同时都满足时，行为才会发生。福格用一个等式来表示：B = MAT。其中，B 是行为（Behavior），M 是动机（Motivation），A 是能力（Ability），T 是触发（Triggers）。

所以，在选取行为时需要考虑用户的能力，如果用户不具备相应能力，则需要先帮助用户提升能力。某视频网站针对创作者的新手任务中有“去观看一个创作教程”和“关注‘创作中心’账号”，这两个行为的重要意义是提升用户的创作能力。在完成上述工作后，需要制定激励策略引导用户完成指定行为。

2. 延长用户生命周期，提升用户活跃度

区分用户的活跃程度，针对不同活跃程度的用户进行引导和干预，使其在产品中持续活跃。可以将用户划分为活跃、预流失和流失三个状态。

第一，定义用户的活跃、预流失与流失。

对用户流失的定义是用户多长时间内没有再次完成某个关键行为。

其中有两个关键点：①判断用户流失的具体行为是什么？②判断用户没有再次完成该行为的时间间隔是多久？

行为的判断可以根据产品的实际情况决定。时间间隔的计算可以使用“原来完成过该行为的用户，间隔多久没有完成该行为后，再次完成该行为的概率”进行计算，计算公式是：

用户复访率=复访用户数÷间隔天数用户数

根据上述方式计算出用户流失的间隔天数后，该间隔天数以内的用户即为活跃用户与预流失用户。

用户活跃与预流失可以通过“关键行为的频率”来进行区分。还可以通过观察用户的负面行为判断用户的预流失状态。

第二，实现活跃用户长期留存。

有两种实现方式：①通过“用户分群 + 行为分析”的方式找出高留存用户的特征（如完成过什么行为、产品的使用路径等），尝试应用到低留存用户身上；②通过提升用户在产品中的使用频率和使用深度，实现用户的长期留存。

第三，制定用户的流失预警和召回机制。

流失预警机制是提取用户历史数据，观察一定窗口时间各相关数据情况，然后根据流失用户定义评估用户在表现窗口内流失的情况，从而预测当前用户在未来的流失概率。预警分析是从判断预警条件到接触预警的一系列流程（见图 10–3）。

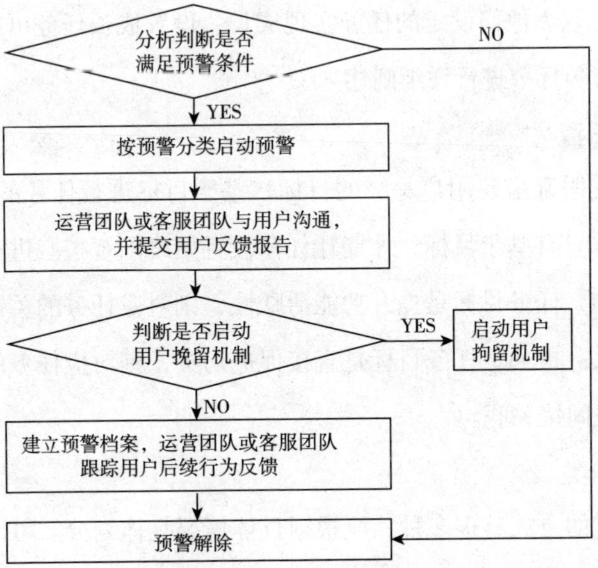

图10–3　用户流失预警分析流程

根据预警数据，先分析造成预警的真正原因，再采取相应对策制定适合本企业的召回措施。实施用户召回机制需要注意以下两点：

（1）了解用户为什么流失。存在一定用户流失是正常的，可能是用户的需求本身已被满足或者不是产品的目标用户。如果是这两种情况，就没有必要启动召回程序了。如果是用户对产品有需求，但产品本身未能满足用户需求或者服务未达到用户标准，则需要启动召回程序，根据用户的需求对产品和服务进行改进。

（2）明确召回目的。用户召回的目的不是让其完成单次活跃行为，而是确定用户流失的原因后，对其进行重新激活以实现长久留存。

设置成长任务

设置成长任务是搭建用户成长体系中的第一个环节，引导用户通过一步一步完成企业为他们设定的任务实现成长。设置成长任务可细分为五个部分，下面就对各环节进行详细阐述。

1. 任务设置

必须首先明确搭建用户等级的目标，基于目标进行任务的设置和规划。在此需强调，只有基于目标，才能让任务设置始终围绕核心进行，不能为了做而做。例如，任务目标是提升功能活跃性，则对应任务的关键行为应与任务活跃强相关。再如，任务目标是直接促进购买，则对应任务的关键行为应与付费直接或间接关联。

2. 任务分类

任务分类的方式有很多种，应根据具体情况具体划分。可以根据实际产品特性进行任务分类，如分为新手任务、每日任务、其他任务（不定期活动所需），具体内容如下：

（1）新手任务：注册、完善个人信息、绑定微信等。

（2）每日任务：签到、某功能活跃（如访问、阅读、发帖、评论）、促进消费等。

（3）其他任务：参与问卷调研、参与 ×× 活动等。

一些企业希望在任务分类中凸显产品功能，可以根据实际产品特性进行任务分类，如某汽车平台的任务分类和具体定义如下：

（1）基础任务：注册、完善资料、签到等。

（2）智能驾驶任务：使用自动泊车功能、使用巡航功能等。

（3）智能座舱任务：收听音乐、收听广播、使用车机导航等。

（4）其他任务：参与驾驶感受回访、参与活动等。

3. 任务达成条件

任务达成必须是有条件的，但条件不能设得太难，如此才能起到持续激励的作用；但也不能设得太简单，以免花费了成本最终没有带来实际效果。建议根据用户日常的数据情况以及最终想提升的目标，设置任务达成的条件。比如，某视频类平台规定，用户连续观看 20 分钟可获得一定的分值奖励；再如，某电商类平台规定，用户完成订单支付后可获得一定的分值奖励，如果产生退款，将收回奖励。

条件的设定以“跳一跳够得着”为标准最为合适，虽然说起来挺容易，但要设计得足够合理，在实际操作中还是有一定难度的，需要运营人员根据实际情况去琢磨和思考。

此外，还要预留出完成任务条件的扩展空间。尤其是处于初创期和成长期的产品，随着产品的发展，肯定会新增一些功能且需要提升功能的活跃度，此时就需要激励任务的延伸和扩展。

4. 任务权重

在前三步任务梳理完成后，根据任务对应行为的重要性和用户达成的难易程度，进行任务的权重设置和分配。需要重点关注行为与行为之间的权重是否合理。比如，某平台设定用户完善个人信息的行为权重为 5，那么用户每日签到的行为权重肯定要低于 5 才合适。

从心理学角度去考虑，获得财富类（实际和虚拟）的东西，一般是数值越大，感知越强。所以，可以在权重数值的基础上，对用户奖励进行多倍扩大，让用户在获得激励时有更强烈的满足感。

5. 任务上限

根据任务特性进行激励次数的限制，能够在达到有效激励的同时，避免被用户“薅羊毛”的风险。例如，某社区类产品的发帖或发表评论类的任务，如果不进行上限限制，等于允许用户可以无尽地发帖、发评论来完成任务，有一些用户为了获得奖励而参与刷帖、刷评论，最终产生了很多低质量或无效的内容。这样一来，平台虽付出了很多经济奖励，却不能获得与付出的奖励等价的内容价值。

第十一章　用户不同生命周期内的运营

新手期用户运营——强力招募的冷启动阶段

良性发展的企业必然想要拓展新的市场空间，而开发新用户必然会带来新的增长空间。但新用户的开发又是用户运营中最艰难的，万事开头难，从0到1的难度要远大于从1到100。因此，给新手期用户运营冠上“强力招募”的字样，就是强调新用户拓展的艰难。

有人将招募新用户比作开火做饭，第一步是起锅烧油，新用户这口锅是凉的，要用运营之火将其烧热，冷启动阶段的关键就是火焰要持续有力，不能断断续续，更不能灭火。

不同行业的企业的新手期用户运营策略是不同的，需要根据相关路径进行策略设计，例如，电商行业、知识付费行业、社交行业、理财行业的产品的用户运营策略就存在明显差异（见表11–1）。

表11–1　新手期用户运营策略举例

产品类型	电商行业产品	知识付费行业产品	社交行业产品	理财行业产品
路径	点开→注册→浏览→下单→支付	点开→注册→免费→学习→付费学习	点开→注册→翻看→吸引→完善资料→匹配	点开→注册→资金→托管→绑卡→投资

续表

产品类型	电商行业产品	知识付费行业产品	社交行业产品	理财行业产品
策略	新手福利礼包、新人优惠专区、爆款产品推荐、加入会员专区	免费的课程分享、感兴趣内容吸引、“子弹头内容”击穿、加入会员专区	会员资料吸引、社交互动引导、完善个人信息引导	

表 11–1 中，理财行业产品的新手用户运营策略没有填写，请各位读者试着填入你们能想到的方法。

因为各行业的企业所采用的运营策略不尽相同，不同的企业甚至企业内部不同的运用团队所采取的策略也都不同，因此，不能依照具体行业、企业和运营团队去详细说明。但有一些通用的运营方式是值得借鉴的，在此归纳整理出来，以供参考。

1. 大量沟通，及时处理

用户感到自己受重视的一个最佳信号，是运营人员能与其进行一对一的沟通，并及时处理用户反馈的信息。在冷启动阶段，能让用户感到产品方的人性化，是预热的最好方式。

小米在进行初期种子用户的运营时，做到了不放弃任何一名用户。在小米论坛里，无论是什么样的用户问题，不管用户对产品提出批评还是建议，小米都要求运营人员必须在一天内回复、三天内处理，并跟进反馈。有时候，用户只是随意说了点什么，也会得到小米的反馈，这无疑会带给用户一种被重视和认可的感觉，“米粉”逐渐成为一种荣誉感的象征。小米的种子用户在企业那里得到了足够的尊重，必然会以积极的心态和方式主动地或不经意地帮助小米做宣传。

2. 超越预期，营造口碑

在信息爆炸、媒体泛滥的时代，用户对各类广告都具有极强的免疫能力，只有制造新颖的口碑传播内容，才能吸引大众的关注与议论。

那么，究竟怎样做才能达到口碑营销的效果呢？口碑营销中要注意以下三个要点：

（1）传播者：根据产品和服务，选择对的人群。

（2）传播渠道：结合产品和服务，选择适合的渠道。

（3）超越预期：产品或服务的综合价值比超越用户预期。

3. 有效活动，激发互动

互联网时代的用户注意力是极其分散的，品牌之间的竞争只能用残酷来形容。为了争夺用户，品牌间隔不久就要做一次线上 / 线下的活动刷一波存在感。如何通过用户运营活动来吸引新用户参与且调动其积极性呢？

（1）为用户创造价值。例如，线上进行游戏抽奖，用户分享即可获得积分等，依次吸引用户分享，实现宣传拉新的目的；再如，线下进行代金券、红包补贴的优惠活动，直接与用户利益挂钩，吸引新用户参与。

（2）为用户创造互动机会。例如，线上制造话题或借助热门话题形成互动氛围，将用户之间的弱链接升级为强链接；再如，线下将“同城”用户召集到一起，增加生活中的互动频次。

4. 降低门槛，分层目标

新用户更偏向于参与门槛低的活动，因此注册页面或者活动页面的步骤就不能设计得过于复杂。某企业的新用户运营方法是，线上举办抽奖活动，在新用户中奖后提示其注册或登录领取，通过利益诱导提高转化率，新用户的池子越来越满。

对于需要用户持续回访的营销活动，应为新用户设置分层目标，类似游戏从易到难一级级闯关的机制，但要适当控制难度或者分阶段设置奖励，以增强新用户持续参与活动的信心和动力。

5. 线下链接，特色为主

线下活动有利于更进一步了解用户的想法，对企业开发和维护种子用户、促进产品改进，有着极佳效果。

首先，企业在设计发给用户的邀请函时，不能千篇一律，而应是每位用户的邀请函都各具特色，虽然这样做有些费力，但能让用户感到自己的与众不同和企业对自己的诚意。

其次，线下活动需要讲究方式方法：①充分调动有潜力成为“铁粉”的用户的积极性，如给予物质奖励；②活动形式要多元化，增加新鲜感；③明确活动的价值观。

6. 用户管理，平台助力

新用户管理的本质是通过对新用户的了解和分析，得出新用户最真实的需要，为新用户提供最适合的服务。针对新用户的运营管理分为三个阶段：新用户信息收集、新用户划分、新用户跟踪处理。

做好新用户的运营管理，可以让未来的营销活动更加精准。如今很多平台都能提供系统、全面、高效的用户分析，助力企业有效拉新，且发展新用户为忠诚用户。

成长期用户运营——引爆用户的起势阶段

一个产品的新用户的流失率最高，不论是首次登录还是完成了首次下单。如果用户下载了产品，发现使用并不流畅，以后再使用的可能性就会很低，因为未能将用户的使用习惯培养起来，用户在产品的体验阶段就发现了产品的种种问题，自然会弃之不用。

用户运营要做的就是快速帮助用户养成产品的使用习惯，以减少用户在成长期的流失。具体的目的是减少新用户首单后流失，促进成长期用户订单活跃，提升用户留存率和转化率，使其快速步入成熟期。

想要促进用户快速成长，就必须先搞清楚成长期用户的流失原因，针对流失原因制定策略，才能引爆用户的起势阶段。成长期用户的流失原因可以概括为两点：①产品层面：重点从页面埋点数据观察异常，如页面加载速度、新手指引教程、商品列表展示、登录方式、支付方式、下单流程是否顺畅等；②业务层面：重点对流失用户进行调研分析，如服务供给、物流速度、商家价格、优惠力度、品牌声誉、市场竞争情况、服务人员态度、订单异常处理效率等。

成长期用户的流失属性分析可以概括为五点：①自然属性：如年龄、性别、地域、职业、教育水平、收入水平等；②订单属性：如产品总订单数、订单均价、订单平均实付价格、订单平均补贴金额等；③产品偏好：如服务风格、体育文章、电子产品、饮食口味等对于某类产品的喜好；④经济属性：如优惠敏感度、用户经济价值、用户忠诚度、消费潜力等；⑤渠道属性：App用户还是小程序用户、线上活动来源还是线下地推来源等。

对于成长期用户流失的分析还要重点关注三个“找到”：①找到产品的核心关键行为；②找到与留存相关的因素；③找到用户成长路径上的“魔法数字”（见图 11–1）。

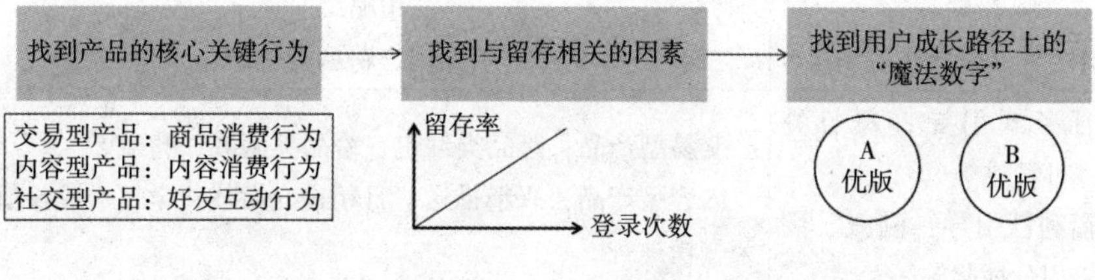

图11–1　成长期用户运营的关键步骤

产品的核心关键行为不止图 11–1 中所列举的三个，各类型产品都有相应的关键行为。找到这些行为，引导用户去实施这些行为，可以有效降低用户流失率。

找到与留存相关的因素是对流失用户的行为进行分析，如登录次数、访问频率、停留时长、访问深度、是否有投诉行为、是否有页面反馈行为、是否主动领券、是否有订单评价等。

“魔法数字”是指，当成长期用户在一定时间内，产生某种行为达到一定次数，就会有更大概率被引导为成熟用户。如一个月内至少访问7次。

有关找到用户成长“魔法数字”这一点，还可以看作是对用户成长路径节点的分析，找到用户在成长过程中的转化节点，对用户成长进行适时干预。

假设用户成长期和成熟期的订单节点是7单（即魔法数字是7单），则分别分析留存的成长期用户和成熟期用户在完成2 ~ 7单所花费的时间节点。如果成熟期用户大部分在一个月内完成7单转化，在一周内完成3单转化，那么，要根据大部分用户的成长路径节点（7单）去刺激那些还未达到该节点的用户完成订单转化。例如，80%用户在一周内完成第3单，运营人员可以在第5天或第6天给预测的可能会流失的用户发放一张优惠券，并保证触达用户，以促成其转化。

关于用户成长期的运营策略，必须根据之前的分析结果制定，具体情况具体分析，有两个具体策略（见表11–2）。

表11–2　成长期用户的两大引导策略

策略一 引导更多用户获得满足	策略二 引导用户跨品类消费
任务式引导：每日签到、日精进等 福利性引导：满减、满赠、积分抽奖等	交易型产品：跨品类红包、跨品类满减、满赠等 内容型产品：兴趣推送、日精进、游戏化学习、成长值、荣誉榜……

在此重点梳理用户运营最容易着手且见效最快的补贴形式：

（1）洞察所运营产品是否需要帮助用户成长，目前用户发展状态是否达到预期，主要目的是什么？

（2）分析影响用户成长的因素有哪些？哪些因素运营可以干预？没办法

干预的因素是否有替代方法？

（3）根据分析结果制定对应策略，可以先上线部分策略，待证实有效并不断调整至最优后，上线全部策略。

（4）在合适的场景上线自动化营销工具，更智能地识别用户身份，刺激用户更超前的地转化。

对于企业而言，帮助用户从成长期平稳快速地过渡到成熟期，需要给予用户足够的关心、呵护和助力，与用户建立和谐友爱的关系，让产品在用户生命周期中保留得更长久。

成熟期用户运营——增强黏性的热传导阶段

成熟期用户运营的关键在于让用户能够持续产生价值，而不是天天发红包求用户“别走”，更不是天天做活动让用户感到被“压榨”。具体表现为，内容型产品的持续输出内容，交易型产品的持续交易。用系统的方法，持续提升用户对品牌/产品的黏性，数据上表现为成熟期用户访问频次的提升、贡献价值（GMV）的提升。

成熟期用户的运营策略必须注意两点：少些套路，做好服务。只有服务的核心价值做好、做扎实，其他的加分项才有意义。加分项就是成熟期用户运营的主要方式，包括等级体系、积分体系、会员体系、分销体系。

1. 用户等级体系

按照是否付费，用户等级体系可以分为付费等级体系和自然等级体系；按照奖励不同，用户等级体系可以分为荣誉等级体系和特权等级体系。很多等级是相互交叉的，会在同一个产品里出现。

设置用户等级体系时，要关注用户需求和业务运营目标，明确所采取的用户激励行为，并计算其成长值。

用户激励行为根据各类产品的不同而不同，比如社区产品的激励用户UGC行为包括发帖、点赞、评论、回帖等；电商激励用户行为可以是每月消费达到一定额度奖励代金券。

成长值是划定用户到达怎样的级别数值时，可以实现等级提升。计算公式是：

成长值=投资时长×投资额度÷365

并非所有产品类型都适合设置用户等级，低频产品和用户行为极其简单的产品很难有足够多的用户行为数据匹配到等级积分上，升级之后的用户权益更难匹配，因此不适合设置用户等级。

好的用户等级体系应该满足三个原则：①路径简单，用户一看就明白做什么能升级；②权益简单，清晰写明升级有什么好处；③升级简单，用户努努力就能够达到。

2. 用户积分体系

用户等级是不可消耗的，到达一个等级，就享受该等级对应的特权。而用户积分是可以消耗的，会有一个出口，如兑换商品或权益。

搭建用户积分体系有三个步骤：

（1）确认积分类型：包括用户等级式积分体系和虚拟货币式积分体系。

（2）确定积分获取方式和积分任务累计：例如，电商产品的积分获取方式和积分累计主要方式是购买消费；社交产品的积分获取方式和积分累计主要方式是登录天数和登录时长。

（3）明确积分消费方案：①直接提现或交易抵扣；②积分商城兑换商品；③积分兑换服务；④到期作废积分。

3. 用户会员体系

用户会员体系能够非常好地实现拉新和精细化运营。例如，通过会员特权的展现刺激潜在用户参与产品活动，或者利用购物特权、活动日、新品免单等方式实现用户精细化运营，并提升用户忠诚度。

并非所有产品都适合设计会员体系。低频产品因为用户参与次数不够而难以形成有效的会员加成。而能够满足用户长尾需求的高频产品，搭建用户会员体系过程中需要注意三个环节：

（1）会员权益：不同类型产品的用户期望获得的会员权益有差异，如交易型产品的用户想要的不是便宜，而是占到便宜的感觉；社交型产品的用户想要的是与众不同或者满足某种特殊需求。

（2）会员门槛：①付费门槛，高付费意愿用户成为 VIP 会员；②任务门槛，完成某个特定任务可成为 VIP 会员。

（3）会员定价：设置 2 ~ 3 个梯度，据会员时长区分定价，利用用户消费心理，引导用户购买长周期会员。

4. 用户分销体系

分销体系的盈利模式有三种：①散装代销：分销商无须囤货，但要有自己的销售平台（线上或线下），用户在分销商处下单后，由供货商直接发货；②推广代收：用户支付后，分销商按照用户支付的全部金额向供货商下单，订单完成后，供货商按照约定比例给予分销商佣金；③推广的用户直接在供货商平台下单后，推广人员在交易完成后获得相应比例的佣金。

衰退期用户运营——用户流失的预警阶段

与过去 20 年相比，互联网从增量时代进入存量时代。增量时代的特点是速度，客户增长是主旋律；存量时代的特点是流量，因为流量成本越来越高，稳定生意最重要，具体做法是培养核心竞争力做到最大范围内的用户留存。

在增量市场逐渐变为存量市场的阶段，防止老用户流失比拉新更为重要，费尽辛苦拉来的用户，好不容易培养成老用户，怎能轻易弃之。对老用户的运营，最常做的是留存、复购，但更为重要的是流失预警和流失召回。

一旦用户进入衰退阶段，就会必然性地出现较多流失。为防止用户大量流失，需要建立流失预警模型，找到有高危流失风险的用户，再针对这些用户设计针对性的挽留策略、落实相关举措，尽量减少用户的流失（见图 11–2）。

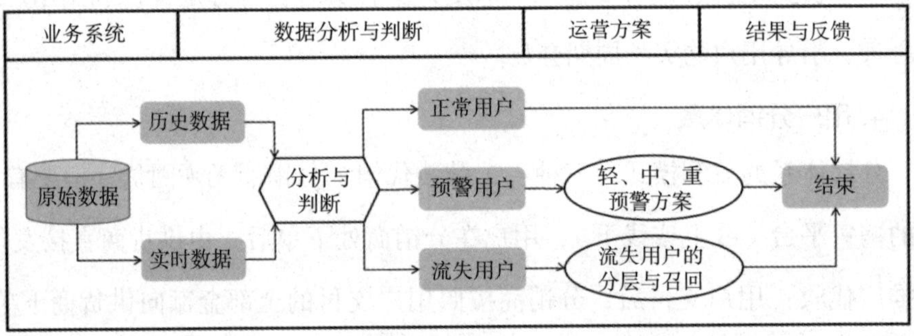

图11–2　衰退期用户运营

以电信运营商的用户离网预警为例，采集全网用户近六个月内的话单数据、账单数据、套餐信息数据、产品信息数据、客服中心互动数据等，采取神经网络、决策树、规则提取等数据挖掘算法预测用户的离网倾向。

数据挖掘算法从集中的数据集合中提取出隐含的用户流失模式，根据离网预警模型获得离网倾向较高的用户名单，设置分级预警规则，并设计出针对这些预流失用户的挽留或召回策略。这些挽留或召回策略被分配到具体的渠道和触点去落实，最终达到减少用户流失、延长用户生命周期的目的。

仅一个案例不足以说明用户挽留和召回策略的具体落地方式，下面针对挽留和召回进行详细阐述。

1. 挽留 / 召回方式

在实际运营中，针对预流失或已流失用户的挽留与召回方式有很多种，我们不能一一列举，但有一些常用甚至必用的方式。

（1）推送消息。最直接的表现形式是借助用户手机内的 App 直接推送消息。这种方式成本很低，且用户打开频次高，但只在用户尚未卸载 App 时起作用。即便用户仍保留 App，也要注意发送时间与推送频次，尽量避免在可能会打扰到用户的时间段内推送，保持合理的频次，避免让用户感到厌烦。现实中有很多用户因为收到消息感到被打扰而选择屏蔽或者卸载 App。

（2）App 角标未读消息提醒。表现形式为 App 图标上的红色数字提示，让人有忍不住去点的冲动。这是一种有效的唤醒，但也要注意发送时间与推送频次，且要考虑智能手机有相应的屏蔽功能。

（3）短信。在智能手机普及以后，短信的功能好像被很多人遗忘了，但运营事实证明，短信召回具有较高的成功率。因为现代人接收到的短信并不多，不会产生厌烦心理，凡是收到的短信都会认真看一下。可以在短信中加入链接，更方便地触达已经卸载了 App 的用户。但短信找回的方式需要一定的经济投入，那些必要的用户才选择短信召回方式，避免无效投入。

（4）邮件。邮件是很高效的沟通方式，因为可以搭载丰富的内容，如附件、图片、链接等，费用极低。但大多数人的邮件使用率并不高，此方法应作为辅助召回手段。

（5）投放。这是拉新时经常采用的方式，方便用户在各种场合都能看到产品信息。但召回的投放要对比拉新的投放有所差异，否则用户会对投放的广告感到厌倦。召回广告应该更有人情味、更有感情色彩，把用户当成老朋友。

2. 挽留 / 召回文案的特点

大部分企业都非常重视拉新阶段的文案设计，力求能一言“俘获”潜在用户。但对于老用户却缺乏一定的耐心，拿不出能让用户眼前一亮的文案。在此建议，用户运营不能厚此薄彼，新用户和老用户要“雨露均沾”，都要拿出能感染用户的优秀文案。下面针对挽留和召回阶段的文案特点进行归纳：

（1）标题亮眼：现在的用户每天都能收到来自各平台的很多消息，多数时候只是一闪而过就决定了这条消息是“删除”还是“前往”，因此要在用户有限的视线内尽量出现能抓住用户心智的关键信息，将核心都凝聚在标题里，让用户能一眼注意到核心内容。

（2）福利吸引：能够最快吸引用户的方式中，给予用户好处永远占有一席之地，因此可以使用折扣、优惠券、奖励、免费等方式吸引用户回归。但是，采用这种方式会拉高成本，必须合理控制投资回报率与预算情况。

（3）社交唤回：建立起社交关系平台，可以在文案中提到点赞、评论、关注等活动邀请，利用人们喜欢社交的属性，让好奇的用户通过社交链回归。

（4）表白煽情：利用情感打动用户，比如：“您已经使用 ×× 音乐 × 天了，我们好想你，可是你已经离开 × 天了，我们为您准备了 ×× 会员，快来体验吧！即使我不在也要快乐哦！”感情永远是最好的黏合剂，让用户体会到产品对其的真情实感，用户会愿意花更多时间再次走进产品。

总之，设计了每种类型用户的召回方案后，还要对召回方案的效果进行评估，需要针对实际业务情况，设定召回的目标。最好继续细分，如每种奖励方式的召回成功率、每种文案的召回成功率等，以此优化方案，提高召回成功率。

第四篇
用户激励体系

第十二章　拉新：扩大用户覆盖面

找到最理想的种子用户

一棵参天大树最初只是一粒种子。种子用户是产品运营的基础，是用户运营的希望。找到最初的种子用户，不断培育，让种子用户生根发芽，最终成长为最忠实的“铁粉”用户。

因此，对种子用户的定义就很清晰了，种子用户即产品早期的目标用户，且对产品的功能和迭代有一定帮助。

优秀的种子用户可以帮助产品传播，带来扩散性流量。通过寻找正确的种子用户，企业可以及时发现“冷启动”阶段产品存在的问题，并根据种子用户的反馈及时调整产品功能。再通过对种子用户的深入运营，企业可以在面向主流用户之前，更好地了解市场，及时挖掘痛点，避免出现运营方向上的偏差。

种子用户的特点如下：

（1）有一定的产品使用必须性，并且痛点比普通用户更强烈，急需合适的产品去解决痛点。

（2）有一定的产品 / 行业的经验基础，可以在使用后更客观、更全面地分析产品，并给出产品改进反馈。

（3）有一定的参与性，且配合程度较高，愿意尝试和体验新事物，愿意接受前期尚不完善的产品。

（4）有一定的影响力，一般是小圈子的KOL，有一定的被信任基础，能影响一定范围内的潜在用户。

正因为种子用户具有的上述功能和特点，企业才必须采取各种方法去获得高质量的种子用户，具体应如何做呢？有如下四种方法：

1. 老用户策略

适用于有一定用户积累的企业，或者企业已有强大的人际关系和朋友圈，就可以从老用户中筛选，从购买次数、购买金额方面进行定义，看是否可以发展为种子用户。

腾讯公司凭借强大的用户资源，无论开发什么产品，都可以通过QQ和微信引流，以发展种子资源。淘拍拍是一个垂直的摄影平台，初期的将近4000名种子用户就是通过人脉关系和朋友圈实现的，“一个千人群，发一次链接可以带来50多次下载”。同时，种子期的淘拍拍运营人员经常在自己的社交群里发布不同的修饰性图片，然后询问大家对照片的看法，感兴趣的人可以深入交流，其中的一部分人逐渐发展为种子用户。

2. 名人策略

利用名人来造势，通过明星、业界大咖、KOL来帮助自己宣传，利用名人的影响力吸引用户。例如，大咖演讲，如果团队里有大咖，可以直接“参战”；如果内部没有大咖，就要付费寻找。

当然，除了明星艺人和网络达人外，业界名人的资源是需要时间积淀的，更适用于有广阔人脉资源和强大经济实力的企业。

新浪微博最初就是通过人脉关系拓展了很多明星艺人和行业名人开通微博账号，有些则是高价邀请。知乎也复刻了新浪微博的做法，因为其更具专业性，最初邀请的多是行业名人和企业大佬，如雷军等。

另外，借助名人造势宣传，必须要注意名人的属性特点要与产品的类型相契合，才能发挥名人效应的最大价值。

3. 邀请策略

邀请机制很有亲和力，又具有门槛，通常接受邀请的人大多是对产品感兴趣的。而且邀请策略一般结合饥饿营销的方式进行，即邀请码数量有限，只会发给少数人，让人感到“物以稀为贵”。且邀请码只能使用一次，还有有效期限制，更给人以紧迫感，策略应用得当的情况下会出现“一码难求”的局面，有些想加入的人甚至会通过各种渠道购买。

当然，想要通过邀请码达到目的，一个必然性前提是产品要足够出色。能够吸引用户加入，用户才会对获得邀请码有热情，当真的获得邀请码后，用户的好奇心和期待值都将被提升到最高，对于产品的使用热情也会高涨。

4. 交叉策略

分为两种子策略：①自己的产品之间互相推广，例如，现在很多手机中有被称作“应用推荐”的服务项目，很多游戏界面上会择优安排一些其他游戏的广告或相互推荐，都能很好地增加产品的曝光率，以吸引用户；②与竞品对比，通常是和竞品一起推出新产品，但要针对竞品的某点不足，突出自己产品的优势。这一方式需要在有绝对把握时采用。

此外，还有一些好用的“野路子”：如从兴趣出发，通过兴趣标签在一些社会化媒体、社区、论坛中寻找种子用户；再如超强内容资源吸引，通过电子书、短视频投放吸引用户，或者在社群 / 社区的问答模块上做文章，以吸引用户。

总之，种子用户的筛选是呈漏斗形的，可以先将大范围的人拉群，然后在群里设置裂变活动，去测试他们是否对产品熟悉、是否有分享欲、是否有影响力等。

从“路人”到“用户合伙人”的身份转变

随着商业模式的不断变化，“合伙人”早在多年前就成为激活企业发展的“热词”。不仅华为、小米、海尔、万科等知名企业纷纷推行合伙人机制，一些商界的后起之秀，甚至尚在发展初期的企业，也越来越多地推行合伙人管理模式，通过股权激励让员工变成与企业共同发展的合伙人，将员工利益与企业利益绑定，让员工与企业成为共同体。

如今，合伙人的概念早已突破管理层，延伸到了用户圈层。合创汽车推出了“用户合伙人”模式，拟以“积分 + 现金”组合奖励的分佣方式，给予用户真金白银的好处，成为汽车“新零售”的创新之举。

合创汽车之所以要推出“用户合伙人”，目的是将好产品快速传播出去。合创汽车对外的解释是：企业发展的重心是为用户提供优质产品，“用户合伙人”将成为新零售模式下品牌发展的内生动力，助推品牌迅速提升知名度、扩大市场销量。在合创汽车推行的“用户合伙人”制度里，既有“激”——合理且科学的佣金规则，也有“励”——丰富的积分和现金佣金。

成为合创汽车的“用户合伙人”很简单。以合创汽车的小程序为例，只要登录注册，即可完成“路人”到合创汽车“用户合伙人”的身份转变。积分获取途径也很轻松丰富，如每日登录、转发车型信息、邀请好友注册、被推荐人到店试驾等方式，都可以获得价值不等的积分。这些积分可在合创小程序内直接成为用户的独有“数字资产”，用以在商城兑换各种产品。

除上述好处外，合创汽车对“用户合伙人”的回报还有“真金白银”的佣金。例如，有用户在“用户合伙人”推荐的线索下成功下单或成功提车，该“用户合伙人”可以直接获得额度不等的佣金。一般，“用户合伙人”推荐的用户支付一台智能电动全能 007 SUV 车型的定金，“用户合伙人”可获得 300 元佣金；推荐的用户成功交付提车，“用户合伙人”还可获 1000 元佣金。合创汽车实施多条线索并进的激励政策，意味着“用户合伙人”可以“多劳多得”。

合创汽车的“合伙”玩法，极大地增强了新老用户的黏性。其他企业利用“合伙”玩法，达到预期效果的也有很多。小米借助合伙人团队把互联网营销玩到“飞起”；万科、碧桂园等大型上市房企，通过合伙人制度带来了商业环境的革新；蔚来汽车利用用户思维的凝聚性，多次将企业从濒临绝境中“救活”且推高了销量……

从员工到用户，大数据的发展带来企业发展的新变局。很显然，在新变局的“闯关”之中，开启“流量密码”的关键就是抓住“用户”。企业必须拉近与用户的距离，与品牌发展同频共振。

正如“用户合伙人”模式所演示的，未来，用户与企业品牌的互动形式将更加趋近于合伙人的形态，“人人有回报”将成为企业品牌生存的基础逻辑。回报多一分，用户的黏性就多一分，企业品牌在未来市场中的竞争力也就强大一分。

新手期用户的三项指标

做新手期用户运营的实质是以目标为导向，深度取悦新用户，分析新用户需求，解决新用户痛点。

新手期用户运营的成功与否是如何界定的呢？有没有一些公认的指标帮助企业更好地进行新用户运营呢？本节就来讨论这个问题，企业应该关注三个“度”，即三个指标。

1. 网络效应密度

所谓网络效应密度，就是固定周期内用户（包含各生命周期的用户）分享达到的链接分享数量。链接分享数量越高，网络效应密度就越大；链接分享数量越低，网络效应密度就越小。网络效应密度越大，则新手期用户的存活率越高，发展成为忠实用户的概率也越高；网络效应密度越小，则新手期用户的存活率越低，发展成为忠实用户的概率也越低。

Facebook 曾做过一项测试，如果新用户一星期可以添加 5 个以上的好友，这类新用户的留存率是其他未能在一星期内添加 5 个以上好友新用户的 3 ~ 5 倍。因此，Facebook 将 5 个好友定义为关键数字，并根据这个数字设计增加新用户社交的功能，尽可能多地让新用户在一周内可以添加 5 个以上的好友。

通过 Facebook 的例子可以看出网络效应密度的重要性，当新用户达到了企业预期的网络效应密度所设定的数字后，新用户的留存率就会极大提升。因此，企业在进行新用户运营时，必须注意网络效应密度，注重利用物质或精神奖励的方式，鼓励新用户多发链接，多做分享。

2. 内容增加度

内容增加度是新手期用户在关注企业的产品后，在一定时期内关注他的人群增加了多少或者他又增加了多少关注者。在一定周期内，新用户被关注的次数越多，其内心的自豪感就越强；新用户关注的人群越多，其对产品的依赖度就越高。

Twitter 在 2006 年推出后，迅速受到关注，获得了大量用户。但在 2009

年，Twitter 突然出现了用户流失的情况，最严重的时候，用户流失率一度达到 75%。面对如此局面，用户运营负责人 Josh Elman 没有按常理分析流失用户为什么离开，而是整合人力分析留下的用户为什么没有离开。他们发现了一个魔法数字“30”，即留下来的用户关注其他用户的数量几乎都在 30 以上。根据这一发现，Twitter 团队迅速对产品做出改进，新用户在第一次注册时会出现喜欢的领域勾选项，再根据用户的勾选项推荐关注用户的服务，很方便地提升了新用户的关注量，在新用户黏性增加的同时，流失率大幅度降低了。

类似的例子还有很多，产品都在用户使用的早期就能最大限度产生黏性，让用户不想离开。比如想用一款软件（电脑程序或手机 App）炒股，新手用户很难在注册后就立即购买股票，总要先观望一段。运营人员要做的就是收集整理用户的关注数据，分析出用户的投资偏好和投资性格，根据分析结果进行个性化的股票推荐和选股引导。通过设置内容增加度，用户会更加明确使用产品的方向，随着用户关注数据的增加，对产品的情感和依赖度也将增加，留存率会大幅提升。

3. 访问频度

访问频度通常是通过提供优惠的方式，促进新手期用户对产品的关注，提高新用户对产品的访问频率。

比如，很多银行都规定信用卡年内消费达到几次可以免年费，或者一个月内消费几次可以享受优惠；一些餐厅会举办一些免单活动或附赠活动，常规做法是只需办理会员卡，然后充值相应金额，就可享受。

饿了么是主要为用户提供美食外卖和果蔬食材的平台，为了吸引用户访问，内部设置了各类获得“吃货豆”的活动，比如每日签到获豆，完成下单任务获豆，完成逛逛任务获豆等。核心是下单任务获豆，完成一单即可获得一定数量吃货豆，每日多完成一单还可得到更多的吃货豆。吃货豆可在会员中心兑换奖品，也可在下单时换取代金券。

突出展现新手特权

任何事情的发展都有一个从量变到质变的过程，企业在宣传产品时希望能得到新用户的认可，并尽可能让更多新用户转化为忠诚用户。但新用户和企业的思维路径恰好相反，新用户在面对企业宣传时总是希望尽可能保持冷静，减缓认可产品的过程，更不会轻易完成企业所希望的转化。

企业和新手期的用户好像同极相斥，双方被产品拉拽到一起，却因为各自所处位置的不同，短时间内难以变相斥为相吸。面对这种情况，只能企业方想办法吸引用户，否则新用户尚未被真正获取就流失了。

企业应该如何争取新用户呢？建议毫不犹豫地送上一些新手特权，以增加产品对新用户的吸引力。特权的核心是权益，即“权力”和“利益”。

（1）企业可以给新用户提供更多产品信息，让第一次接触产品的新用户能够最深入地了解产品。关键在于“最”字，说明不是普通的、常规的产品信息，而是平时不容易获得的深层产品信息。但有一点需要注意，就是产品最核心信息是否应该保留！

（2）企业需要打开“免费账户”，比如新人免费试吃、新人免费品尝，首单免费、首单0元加赠品等。直接给新用户免费是极具诱惑力的方式，能在很短时间内吸引新用户的眼球。但会导致运营前期成本激增，且在首单之后用户的留存情况不能做出很好的预估，一些用户在享受首单的免费红利后就消失了。

（3）企业要拿出红包诚意，给新用户发送“新人红包”，并设定单独的要求，如限定红包只能在某类场景下运用。推广期发送红包是非常必要的新手特权，但因为使用红包时有所限制，会导致一些用户不愿买账。而且长期的红包拉动，会增加企业的运营费用。

上述三点是常见也好用的新手特权，虽然各有不足，但都是能获取和转化新用户的好方法。做用户运营是要为企业拉新、留存和转化，目的是为企业带来收益，所以采用任何运营方式都需要对用户行为有所限制，因此也就没有哪种方法是绝对不对用户设限的，方法中存在一些不足之处也是不可避免的。

今日头条在推广阶段，为新老用户同时送上看新闻得红包的优惠，但需要用户真实观看新闻页面，也就是要求停留在页面上一定时间，并且要拉到页面底部，才被认可是完成了单页新闻的观看，就能得到相应的红包奖励。

即便对新用户施以新手特权，也不可能让新用户全部留存下来，只能是争取使留存数量最大化。

通常新用户进入产品后，此后经历每一个环节都会有部分用户流失，这就是用户运营过程中的“漏斗模型”。从起点到终点有个环节，每个环节都会产生用户流失，用户数量依次递减，但每一个环节都会形成一个转化率。

以金融理财产品为例，从新用户发现这一产品到完成一次投资，期间会有一系列的步骤需要完成（见图 12–1）。

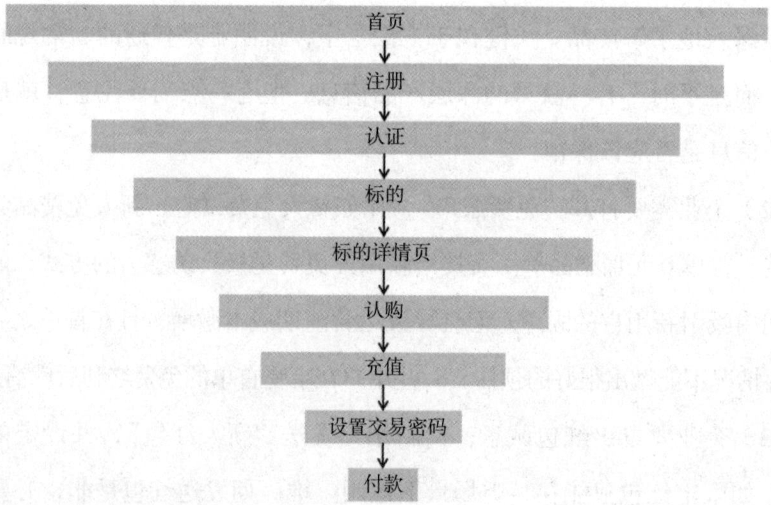

图12–1　新手投资流程的漏斗模型

在图 12–1 的每一步，新手期用户都可能因为遇到各种坎坷而放弃使用产品。所以，如果让一个金融理财产品的新用户在半小时之内完成转化（投资），可能性很低。

先来看看金融产品一般会涉及的流程步骤：首页→注册 / 登录→领取红包 / 优惠券→新手特权→商品详情→金额选择→使用抵用券→订单→信息认证→密码设置→银行卡绑定→充值→支付→钱包（余额）。

怎样让新用户尽快熟悉产品，从而让新用户顺利完成注册操作呢？重要的一点是在首页最醒目的位置，用最醒目的文案，展示产品推出的新手特权项目。

通常情况下，新用户的投资流程都有十个以上的步骤，加上各种中间的跳转环节，导致流程冗长，用户的体验感很差。用户在其中的任何一个环节都可能知难而退，流失率自然会居高不下。下面，分析用户投资流程中主要出现的一些问题：

（1）注册登录后的问题：一般有三种情况：一是直接让用户认证；二是给用户送红包；三是给用户发体验金。最差的是第一种情况，极大概率会导致用户放弃。第二种情况可能会产生一锤子买卖。第三种情况可能不会激起用户尝试的欲望。

（2）订单是一个全局都会涉及的“参量”。有订单就会锁定库存，能保证购买，但不利于资金流转；如果没有订单，在下单购买期间，库存为零时，投资就会失败，将给用户带来负面体验。

（3）刚注册的用户，必须进行实名认证，涉及投资行为，也必须设置支付密码和绑定银行卡。但是，许多产品将这三个环节分别认证，无形中又增加了流程的冗长度。

（4）充值是表面行为，支付才是最终目的，充值和支付的过程隐含着余额的变化。用户的真正需求是完成支付，而不是浏览和充值。

针对上述四个投资过程中的关键问题，结合金融理财产品的特性，对新用户的运营策略提出如下优化方案，以减少新用户的流失。

（1）减少中间环节。将实名认证、设置交易密码、绑定银行卡三个步骤整合成一个步骤。将充值和支付两个步骤，整合成一个步骤。

（2）优化用户体验。新用户注册登录后直接跳转到新手特权页面：包含标的介绍、需要资金、利率、投资期限、体验金（抵用券）使用等，该页面的所有设置都是默认的，不需要用户再去设置，直接勾选购买即可（见图 12–2）。

按照图 12–2 的优化流程，新手特权就有红包和体验金两个选择。用红包，投资门槛稍高，对应的投资收益也相应更大，且投资形式比较灵活，用户需承担一定的风险，因此设置套餐的难度增大；用体验金，投资门槛很低，对应的投资收益也小，但投资形式灵活性降低，用户不用承担风险，因此设置套餐更容易。

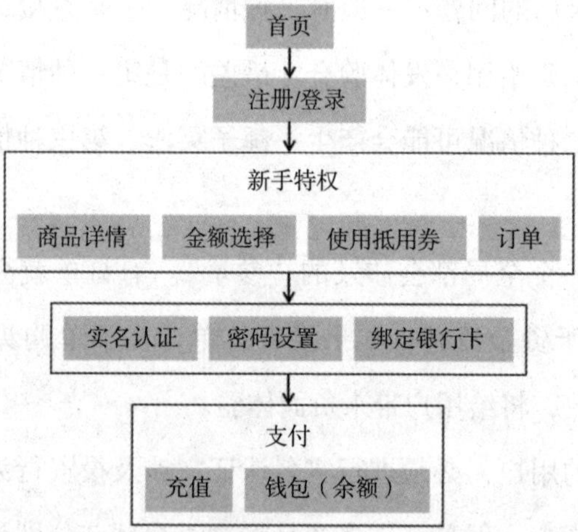

图12–2　优化后的新用户投资流程图

考虑到要在短时间内转化用户，“体验金”的玩法更值得推荐。比较好的“体验金”模式是用户投资 1 元钱，平台给用户配几千元体验金，进行全程性投资体验。

1元钱投资的方式，让用户毫无心理负担。在轻松的状态下，用户进行后续操作的概率极大。再加上流程上的简化和体验的顺畅，新用户在娱乐状态下就完成了第一笔投资。

投资本是令人紧张的事情，而1元钱体验金模式将本该有的紧张感驱散了，留给用户的只有“好玩”的感觉。虽然用户也知道，接下来的投资需要自己投入资金了，紧张感会回归，但有了第一次的轻松做铺垫，紧张感的指数并不会很高，那种“好玩”的感觉仍然占有一席之地。因此，用户在完成第一笔投资后，继续投资的概率也将增大。如此一来，用户的留存概率也将增加。

第十三章　留存：构建用户生态圈

用户留存率的正确计算方式

用户留存是每个企业都要面对的一大难题。拉新后，企业需要以最快的速度想办法做用户留存，不然通过一系列方式、花费了巨大成本得到的新用户，却因为各种原因流失了，之前所做的一切就是无用功了。

所谓用户留存，就是新增用户中，经过一段时间后留下来的那部分。这部分用户占当时新增用户的比例即是留存率，会按照每隔 1 个单位时间（日、周、月）来进行统计。如果设置自定义观察期，可以细分成 2 日留存、3 日留存、4 日留存、5 日留存、6 日留存、7 日留存、14 日留存等，一般是着重记录前 7 天数据，用来观察新用户质量。

如今，用户留存率越来越受到关注，成为衡量产品用户黏性、产品功能迭代是否成功的重要指标。

为防止用户流失，可以制定“用户日 / 周 / 月留存率保持在 / 不低于 ××%”的明确指标，并进行量化。

Facebook 平台流传着“40—20—10 规则”，规则中的数字分别表示：次日留存率、第 7 日留存率和第 30 日留存率。如果企业希望自己的产品的日购买人数（DAU）达到 100 万人，那么次日用户留存率应该大于 40%，第 7 天的用户留存率要大于20%，第30天的用户留存率要大于10%。

“40—20—10规则”下的7日留存率，也是周留存率。即从使用第1天起，后推1周（第7天），只要有一天登录，就计算为留存。想要了解这个7日留存率，要从了解一些概念开始。通常意义上所说的用户留存率，指的是新增用户的留存率。

（1）新增用户：第一次使用产品的用户。

（2）活跃用户：活跃的定义因产品的不同而千差万别。有账号的客户端产品，以账号登录作为活跃标识；某些工具软件以是否启动或者以是否进行核心操作作为活跃标识。

（3）有效用户：达到某一个指标（如在线时长）的日登录用户数量或者完成某个核心操作的用户。

（4）有效新增：从新增用户中衍生而来，即新增和活跃的交集。例如，当天新注册了1000个账号，其中600个登录超过10分钟，可以认为有效新增为600。

按天留存率计算：用户在首日新增后，后推至第*N*天的活跃情况。用后推至第*N*天活跃的用户除以首日新增用户，就得到后推至第*N*天的新增用户留存率。

下面，用一个相对具体的案例说明按天留存率的计算过程：

首日新增：2022年1月1日，新增用户200人；

2日（第2天）留存：2022年1月2日，首日新增的200人里有100人保持活跃，则次日留存率为：100÷200=50%。

3日（第3天）留存：2023年1月3日，首日新增的200名用户里还有80人保持活跃，则三日留存率为：80÷200=40%。

7日（第7天）留存：2023年1月7日，首日新增的200名用户里还有25人保持活跃，则7日留存率为：25÷200=12.5%。

用户增长背后的“魔法数字”

“魔法数字”之所以被冠以“魔法”这个词，是因为只要让用户达到这个数字，用户的价值就会提升。

在解密这个数字之前，先来看一组相关分析。

互联网金融平台的数据显示，一个月内没有购买行为的新用户留存率不到 15%，一个月内购买一次的新用户留存率将上升到近 25%。

如果新用户在首次购买后的两个月内没有连续购买行为，留存率会再次下滑到 15% 以下。如果新用户在首次购买后的两个月内有连续购买行为，留存率将上升到 30%。所以，促成新用户的复购，保证新用户进来后两个月的培养，是保证留存的关键。

图 13–1 中，2 次购买、3 次购买、4 次购买和 5 次购买的留存率呈阶梯状，购买次数越多，留存率越高。但在 5 次购买以后，留存率就趋于平稳了。

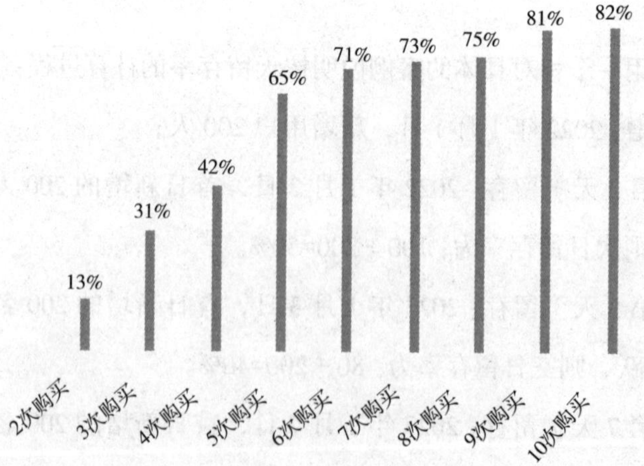

图13–1　用户不同购买次数的留存率

这是大量数据分析呈现的结论。“5”是一个充满“魔力”的数字：5次购买，用户变忠诚；5次消费，用户变忠诚；5次投资；用户变忠诚等。

下面举两个例子，和大家分享这个魔法数字。

案例一：某银行的一次优惠活动规定：新用户在30天内消费5次且满88元，即可获赠200元的咖啡券。

案例二：某餐厅推出“霸王餐”活动，只需要充值当天消费金额的4倍，当天消费全额免单（换算一下，等于打八折）。

案例一是直接说明了需消费5次，明码标价。案例二则绕了个圈，第一次消费加上四倍的充值，大概也是5次消费。

案例二的营销非常成功，“全额免单”是极具吸引力的，只需要办一张卡充值相应金额就能得到资格。用1次优惠，绑定未来的4次消费。

生活中还有很多这样的案例：比如信用卡消费5次免年费；ETC卡消费五次免年费；理财平台一次发5个红包；支付宝过年时让用户集“五福卡”等。

在用户运营方面，“5”不是一个偶然性的普通数字，而是一个决定着留存率拐点的“魔法数字”。因此，做用户运营一定要充分运用好“5”这个数字，努力让用户在尽可能短的时间内完成5次购买，提升用户的忠诚度。

其实，新用户在一个平台决定进行购买决策和实施购买行为时，有着极强的刻板效应，如何引导新用户成长是必须深刻思考的问题。

在拉新过程中，相对于其他成长期用户和成熟期用户，新手期用户对价格的敏感度最高。所以，有必要对新手期用户发放二次购买补贴或者在用户体验后发放门槛较低的优惠券。

同时，新手期用户有着较强的品类忠诚度，其复购的品类一般和首次购买的品类重合度高。比如，首次购买美食品类商品的用户，二次下单的用户中有近80%仍然购买了美食类商品。如果用户的复购次数达到5次，其长期留存的概率将极大增加。

同理，即便是一些成长期甚至成熟期的用户，在首次购买某类之前从未买过的商品后，会产生对平台和品牌的忠诚度，复购曾经买过的平台和品牌是一种更安心的选择。用户对于一直以来的成功经验是非常看重的。当用户在平台上的成功经验达到 5 次，其忠诚度会大幅上升。

因此，用户增长的核心就是找到关键留存拐点，提升资金成本利用率，促进用户快速达到“魔法数字”，以带来更多的忠诚度。

找到影响用户留存 / 消费的关键功能

随流量红利时代的结束，在不同赛道的企业将面临未来的用户增长困局，如何提升存量用户的留存价值成为关键。在这样的大背景下，用户运营要通过海量数据挖掘影响用户留存 / 消费的关键指标。下面，结合实际的业务逻辑，给出一些留存分析的方法。

1. 确定留存的口径

结合用户行为数据或者基于业务常识，和具体业务人员对留存用户的口径达成一致。口径的确认点主要是：“多久（窗口期）内”没有发生“什么关键行为”，会被定位为流失。

（1）窗口期的长短取决于用户关键行为发生频次的高低，可以基于用户相邻两次关键行为天数间隔的 75% 分位数的方法确定窗口期的大小。例如，选取昨天发生过关键行为（下单、注册 App 等）的用户，分析最近两次关键行为发生的间隔天数，如果 75% 的用户的关键行为间隔天数在 ×× 天内，则将 ×× 天作为流失窗口期。

（2）不同业务模式下的用户关键行为不同，比如交易类平台的用户关键行为是注册、下单，短视频平台的用户关键行为是点赞、收藏工具类 App 的用户关键行为是提问、交流。

2. 影响留存的重要指标筛选

选取用户静态画像、活跃行为指标、付费行为指标及其他行为指标作为指标体系，主要包括：①用户年龄、性别、职业、收入、城市、圈层等社会学画像；②用户对本品和竞品的使用体验差异点；③用户留在本品的核心驱动力；④用户是因为什么方式被吸引到本品或者用户的来源渠道。

从众多指标中筛选出重要度较高的几个指标，运用相关性分析对影响用户留存的重要指标进行筛选。所谓相关性分析，是选出与留存率相关性系数较高的前几个用户关键行为，同时考虑发生该行为的用户的渗透率高低和留存率提升幅度高低，以保证最终的留存人数处于较高的水平。

某社交媒体平台将流失用户定义为近 7 日未启动 App 的用户，那么，影响用户留存的指标、各指标与留存率的相关系数、用户渗透率和留存率提升之间的关系是怎样的呢？见表 13–1、图 13–2。

表13–1　某社交媒体App的用户留存率相关性分析

分类	用户关键行为	行为指标	行为指标和下一个周期留存率的相关系数	发生该行为的用户渗透率/%	发生该行为的用户留存率/%
活跃类	启动App	近7日启动App次数	0.51	47	18.5
	启动App	近7日访问App时长	0.46	47	18.5
	启动App	近7日活跃天数	0.6	47	18.5
消费类	曝光	近7日曝光内容数	0.23	39	17.2
	点击	近7日点击内容数	0.28	28	21.4
	播放	近7日播放短视频数	0.18	19	30.6
	播放	近7日播放短视频时长	0.09	19	30.6

续表

分类	用户关键行为	行为指标	行为指标和下一个周期留存率的相关系数	发生该行为的用户渗透率/%	发生该行为的用户留存率/%
互动类	点赞	近7日点赞作品次数	0.08	10.6	26.4
	收藏	近7日收藏作品次数	0.06	9.8	20.2
	关注	近7日关注作品次数	0.07	7.7	23.4
	评论	近7日评论作品次数	0.04	5.6	22.1
	转发	近7日转发作品次数	0.06	2.9	18.2
付费类	充值	近7日充值GMV	0.01	1.9	29.7
	打赏主播	近7日打赏主播次数	0.02	1.4	30.8
	打赏主播	近7日打赏主播GMV	0.02	1.4	30.8
	打赏主播	累计打赏主播GMV	0.03	1.4	30.8
金币类	访问页面	近7日金币页面访问次数	0.07	23	24.5
	签到	近7日签到天数	0.07	11	10.5
	金币领取	近7日金币领取数量	0.08	6.6	29.5
	金币提现	近7日金币提现数量	0.1	5.2	26.4

注 1　表中数值均为模拟填写，请勿参考。

注 2　GMV 代表商品交易总额。

注 3　该表的每个分类都是以“发生该行为的用户渗透率”由高到低排列，也可以“行为指标和下一个周期留存率的相关性系数”由高到低排列。

从图 13–2 中可以直观地看出，实现播放短视频、访问金币页面等行为的用户渗透率较高，且留存率提升幅度也较高，可以作为影响用户留存的关键行为。

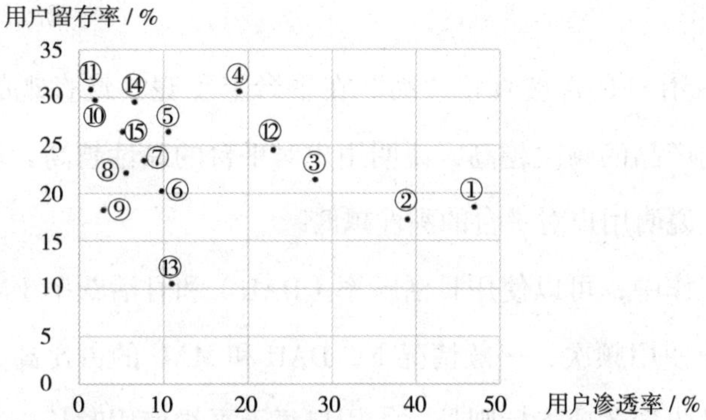

图13-2　某社交媒体App的“发生该行为的用户渗透率”

注　①启动 App 行为；②曝光行为；③点击行为；④播放行为；⑤点赞行为；⑥收藏行为；⑦关注行为；⑧评论行为；⑨转发行为；⑩充值行为；⑪打赏主播行为；⑫访问页面行为；⑬签到行为；⑭金币领取行为；⑮金币提现行为。

3. 留存关键因素的因果性验证

相关性不等于因果性，因果性检验必须通过设计 AB 实验来完成。AB 实验的方法是，将评估对象随机抽样分成两组（对照组和实验组）。针对实验组施加策略干预，比较两组之间的效果。

以金币类用户留存为例，抽取 50% 的新用户作为对照组，无激励活动触达；50% 的新用户作为实验组，通过推送或站内弹窗将激励政策触达用户。观测对比两组用户在未来 7 天的留存率，以衡量策略的效果。

帮助用户养成习惯，增加黏性

用户对于品牌或产品的忠诚、信任与良性体验等结合起来形成的依赖程度和再消费期望程度，称为用户黏度。如何能提升用户黏度呢？要从提高用户黏性上入手。用户黏性顾名思义是品牌或产品把用户“黏”在平台上。

如何评估用户是否被真正“黏”在平台上了呢？最直观的指标是：频次。用户使用产品的频次越高，说明用户对平台的黏性越高；用户使用产品的频次越低，说明用户对平台的黏性越低。

在实际工作中，可以使用日活跃率（DAU）和月活跃率（MAU）两个数据来表征用户使用频次，一般情况下，DAU 和 MAU 的占比高，就代表用户的黏性高。具体到各项指标则是：①用户每天平均使用时长；②用户平均使用时间间隔；③用户日均使用次数；④用户日均使用时长等。

一切的运营策略都是为了帮助用户养成使用习惯，以提升用户与产品的黏性。增加用户黏性的方式有很多，结合传统方式、互联网方式和移动互联网方式，可有八种主要方式（见表 13–2）。

表13–2　增加用户黏性的方式

方式	具体形式（举例说明）
电话	①具有服务意识，能够真正为客户解决和处理问题；②学会创新，在服务内容和服务形式上都要创新；③开展真正实惠的营销活动，给用户实际的好处
朋友圈	①做好内容的经营，为用户提供有价值、有帮助的信息；②多关注用户信息，适时送关怀、送温暖；③定期举办营销活动，邀请用户参加，给用户创造价值
公众号	①开启自动回复功能，在用户初次关注时自动发一条消息给对方，引导用户继续关注；②开通留言功能，用户可以“写留言”，运营者要及时回复用户留言；③给用户提供一个表达和沟通的入口，可以对微信公众号内容进行讨论和反馈；④将留言置顶功能还可以变成“广告位”
企业微信	①使用企业微信添加用户，可有效避免因员工离职而带走用户的危险，企业管理者可将离职员工的客户分配给其他在职员工；②日常更新信息，让用户在日常碎片时间看到品牌或产品消息；③由管理者统一设置素材，员工可以同步到用户朋友圈中，操作方便；④给用户贴上对应的标签，既有利于管理用户，也有利于在日常活动中更精准地戳中用户痛点；⑤建立群聊，定期在群内发布品牌或产品咨询及优惠消息

续表

方式	具体形式（举例说明）
视频号	①做优质内容，抢占用户的时间和注意力；②收集用户偏好信息，并反哺内容，加强与用户的链接；③建立良性的评论区氛围；④建立用户围绕某一主题讨论的社区氛围；⑤通过话术引导用户添加个人微信、企业微信、社群等，例如“直播已录屏、私聊可获得视频”
社群	①用户加入社群后，可每日早、中、晚各时间段更新群聊内容或朋友圈；②增加用户每日签到功能，规定连续多长时间签到可获得产品优惠券或产品周边等；③让每名社群成员都拥有特权，如满三单减免50元、满五单减免80元等；④给社群成员提供阶梯式福利，如领到“手气最佳”红包，可到店里领取一件价值××元的商品，领到“人气最佳”红包，到店购物可打七折等；⑤通过娱乐性活动活跃气氛，如抛出问题让用户回答，答对10题者可获得优惠券；⑥对社群成员送上无微不至的精神关怀，如为群员庆祝生日等
直播	①主播对产品有独到的讲解，提高用户对产品的见解；②把用户拉进专属群里，形成小团体，成为朋友；③打造粉丝专属价格，实现价值驱动；④跟明星/达人合作，为直播间带来热度
微信	①沉淀用户，实现精细化运营，把品牌或产品“路人”转变成品牌或产品“粉丝”；②举办私域活动，保持用户新鲜感，如上新产品优惠活动、节日营销活动等

上述方式都需要完善和健全用户管理系统，一方面方便管理用户信息和策划活动，另一方面有利于和客户进行有效联结，增加品牌或产品出现在用户身边的频率，增强客户黏性。

第十四章　促活：提升用户活跃度

活跃用户与留存用户之间的关系

每一个优秀产品的成功，都离不开用户的大力支持。只有采取有效的运营方式，才能赢得用户对产品的高度认可。在此就需要了解“促活”，就是促进用户的活跃。只有具有活跃度的用户，才会经常关注产品，进而使用产品，为产品、平台、品牌创造价值。因此有人说，活跃的用户才是真正有用的用户。这句话看起来虽然有些绝对，但足够说明问题。

关于促活的具体方法，将在下一节阐述。本节要解释一个常被混淆的概念，即活跃用户和留存用户之间的区别。总有一些运营人员搞不清楚这两类用户的区别，甚至认为留存用户就是活跃用户，认为只要用户留下来了，就说明用户认可产品，会在需要时随时购买产品。

持有这样想法的运营人，一定不是合格的运营人，因为连最基本的活跃用户都没有搞明白。

在实际经营中，经常会看到一些数据分析报告显示：某某网站 / 平台的注册用户数超过几百万，看起来欣欣向荣，应该具有不错的前景，但很不幸的是，用户数如此之多的一些网站却最终倒闭了。原因就在于，注册用户不等于活跃用户，对于网站 / 平台而言，真正有意义的是那些活跃用户数，而不是总用户数。

新用户来到网站 / 平台后，其中一些人选择看一看就离开了，另一些人选择注册享受新手特权，但享受完优惠后就不再关注了。这些仅注册的、仅消费一次或者零星消费的用户，都在总用户数中，但对于网站 / 平台的价值很少产生贡献。

就像一个社群有上千人，但有九百多人从来不互动，几十个人偶尔互动，只有十几个人经常互动。很显然那些长期“潜水”和偶尔“冒泡”的群成员都是非活跃成员，只有那些经常参与“吐槽”的成员才是活跃成员。活跃成员通过频繁发言保持整个群的气氛和热度，有带动不活跃的成员参与互动的力量，这就是活跃成员的价值。

同理，对于企业、网站 / 平台而言，那些经常登录、浏览信息、下单购买的用户就是能带来价值的活跃用户。而那些只是注册了，但不经常登录，也不浏览信息，更不会下单的用户，只能算作留存用户。所谓留存用户就是没有彻底离开的用户。对于网站 / 平台而言，只有留存用户中才会产生活跃用户。

用户留存率是所有产品上线运营的重要性能指标，如日留存率、周留存率、月留存率、季度留存率，甚至是半年留存率和年留存率。

在一个 App 中，用户主要分为两类：①新增用户，即第一次进入或登录的用户；②留存用户，即有了多次登录记录的用户。

新增用户是绝不可以列为活跃用户的，哪怕是产生了下单记录的新增用户。用户在一定时间范围内，至少有两次以上的登录记录，才能初步认为是可留存用户；在一定时间范围内，至少有两次以上的下单记录，才能确认为留存用户。

由此可见，促进用户活跃是运营的目标，但前提是要先弄明白，什么样的用户才是活跃用户。

活跃用户可以根据登录产品、使用产品、购买产品的频率来定义，一周登陆 / 使用 / 下单多少次为周活跃用户、一个月登陆 / 使用 / 下单多少次为月活跃用户，以此类推。根据产品的不同属性，用户活跃度的定义是有差别的。比如，外卖类产品的活跃度可以定义为“日”，日用品类产品的活跃度可以定义为“周”和“月”，电子类产品的活跃度可以定义为“年”，汽车、房屋类产品的活跃度定义则要扩大为若干年，甚至无法用活跃度进行定义，毕竟普通人一辈子也买不了几辆车和几幢房屋。

根据活跃用户的定义标准，统计并分离出活跃用户与不活跃用户，再通过对活跃用户的行为属性的分析，掌握活跃用户的活跃因素。

常规产品的用户活跃状态的定义方式是：连续 X 天 / 周 / 月没有登陆 / 浏览 / 关注 / 下单 / 支付等行为，称为流失用户；连续 Y 天 / 周 / 月都有登录 / 浏览 / 关注 / 下单 / 支付等行为，就是活跃用户。一般情况下，$X > Y$，因为总有一些用户处于中间状态——既不活跃，也没有流失，但仍要将这些用户纳入流失用户的范围，或单列一个“准流失用户”的类别。

之所以要将这部分中间用户群体纳入流失用户的范围，是因为活跃用户必须是高质量的，要真正和产品 / 网站 / 平台 / 品牌产生黏性。通过实施运营活动，将留存率提升，让留存率＞流失率，再将留下的不活跃用户激活，一系列操作表示用户活跃度是正向发展的。

拉升用户活跃度的方法

对运营人员来说，促活不是要等到用户活跃度大幅降低后才去做，而是要长期关注、长期做出针对性举措，拉动用户的活跃度与参与度。

促活的目标可以分为两个部分：①让不活跃的用户变得活跃；②让活跃

的用户变得更加活跃。

如果把目标定为“让不活跃的用户变得活跃”，可以制定出针对不活跃的用户或者全体用户的活动，让不活跃的用户增加登录/使用/下单的次数，让他们走向活跃；如果把目标定为“让活跃的用户变得更加活跃”，就要针对活跃的用户制定相应的活动，将活跃度更长久地保持下去。

无论是哪个目标，运营人员都希望自己产品的活跃用户越多越好，因此，广义上的促活不仅是增强用户体验，让更多人参与的过程，还是一个不断挑选优质用户的过程。

下面从产品、企业和用户三个方面，对促活的价值进行阐述：

（1）于产品而言，促活可以帮助新产品在短时间内打开市场、吸引新用户；也可以帮助已有产品提升老用户的活跃度，更大规模地培养忠实用户和尽可能地召回流失用户。

（2）于企业而言，促活是宣传并树立企业形象、打开知名度、获取直接收益和间接收益的好方式，在流量时代，任何企业都离不开促活性质的活动。

（3）于用户而言，促活可以为用户（新用户和老用户）提供最新的产品上线、促销、优惠的信息，并通过活动中的奖励和优惠的设定，满足用户的得益心理。

以上就是促活运营的价值，这些价值恰恰是活动前期所进行的产品定位和预设的目标，从活动策划、资源整合、深度预热到具体执行，最终实现预期目的。

常见的用户促活是根据产品自身定位和设定的目标来设计促进用户参与的活动，根据不同的定位和目标，活动的环节设定是有差异的，也就是活动所采取的核心方法是有差异的。在此提供七个主要方法，仅供参考。

1. 物质奖励吸引用户

企业和商家制定用户激励机制是促活用户的核心技巧，分为物质奖励和精神激励两种。下面介绍利用物质奖励吸引用户的方法。

“物质”既可以是实体物质，也可以是虚拟物质，利用不同形式的物质进行用户促活，符合当下发展趋势。

（1）实体奖品寄送——把实实在在的可见利益摆在用户面前，并送到用户手中，能够非常有效地促活用户。

（2）积分累计系统——激励用户通过企业和商家规定的一些行为赚取积分，鼓励用户通过积分消费，也可利用积分换取其他实在利益。

2. 精神激励引导用户

对比物质奖励机制促活用户，精神激励机制所耗费的成本更少，但若操作得当，所获得的收益可能更多。因为精神激励可以从更深处满足用户的心理需求，用自豪感、荣誉感激励用户，影响的时间会更加持久。

最常见的精神激励方式是设置排行榜，用户持续进行着某种活跃行为就有机会“力压群雄”，排在前列。并向那些在排行榜上名次靠前的用户奖励高级特权，让这些用户有一种优越感，促使他们继续保持活跃行为，并在其影响范围内带动其他用户。

3. 功能升级推动用户

人同时具有好奇心和厌旧心。即便是忠诚用户，也可能被其他产品的新奇功能带走，因此，需要不断对产品进行功能升级，以满足用户的好奇心理。

开发新功能可以是关键新功能，也可以是娱乐性小功能。开发出新的关键功能，既是产品开发综合能力的体现，也是对用户负责任的体现，用户当然会更忠实于那些实力强大且有进取精神的企业。而新颖的小功能可提升用户参与的兴趣，让用户在快乐中愈发依赖产品。

4. 消息推送提醒用户

消息推送是常见的一种和用户交流的方式，能在第一时间向用户推送消息，提高用户忠诚度，同时带动功能模块使用率，引导用户关注。

消息推送促活用户主要有三种方式：短信、邮件和服务信息，都能满足以更加醒目、直接的方式来传达信息的要求，从而增加产品 / 平台与用户之间的联系，达到提醒活跃用户的目的。

（1）用短信、服务信息促活。二者都是即时信息，具有比较高的送达率和打开率。但是，这类促活方式因为大多以文字和链接的形式展示，过于单一，不宜频繁推送。

（2）用电子邮件促活。电子邮件除了文字和链接外，还包含图片、视频等内容。但是，因为电子邮件使用率较低，容易被屏蔽，需要撰写非常吸睛的标题，才有可能吸引用户打开。

无论是上述哪一种，进行消息推送都有明显的缺点，就是用户对信息推送的接受程度有阈值，超过这个值，用户会对消息麻木，甚至产生厌烦情绪。因此，消息推送一定要掌握好频度，达到“提醒”的日的即可，且不可让用户感觉自己被“打扰”了。

5. 游戏设置带动用户

游戏是促活用户的利器，老少皆宜。用户运营人员可以根据产品特性设置一些有趣的小游戏，并且设定等级性的成就标识，在用户达到某个成就标识后就可获得优惠券奖励。同时在游戏中设置分享功能，如果用户达到某个分享标准，也可以获得优惠券奖励。

游戏对用户的吸引力应是主动性的，即用户在需要优惠券时，就会想到通过玩游戏来获取。还可以激励用户将游戏分享到朋友圈，以带动更多用户参与。

6. 设置话题激发用户

通过运营团队设定议题，利用“KOL+UGC”的讨论形式发酵话题，让更多用户参与。

UGC是用户通过将自己原创内容发布出来，进而影响、启发、带动其他用户的过程。相比较人员有限的运营团队，UGC的规模是无穷大的。运营团队需要做的是：适当引导话题方向、拓宽活动参与形式、及时对优质话题予以扶持，并建立完善的奖励机制。

在话题设置方面，新浪微博的超话就是很成功的案例。每天都会产生多个超话供用户参与，每一个话题都有无数用户在热情参与。

7. 日常活动培养用户

设定一些长期的、日常性的活动，可以给用户在心理上建立一个稳定的预期。比如每周一新用户抽奖，每周二优惠券发放，每周三小游戏得奖，每周四老用户抽奖，每周五小功能上新，每周六打折促销，每周日幸运儿免单。

设计得当且对用户有实际益处的活动，一段时间后就能在用户心里形成一种稳定的期待，用户被“培养出感情”后，促活的目的就达成了。

活跃用户的数据分析

数据分析是指用合适的统计分析方法，对收集到的大量数据进行分析，从中提取有用的数据形成结论，再对提取后的数据进行详细研判总结的过程。用户运营过程中，数据分析可以帮助运营人员对产品的销售状况、平台的运营状况和用户的行为状况作出更正确的判断。

以互联网公司为例，互联网公司不能只注重活跃数据的果，而不在意活跃数据的因。因为产品专注的市场领域不同，活跃用户数差别巨大。假如是一款小众的垂直领域产品，单纯看活跃用户数，很难界定其好坏。

互联网公司对活跃用户的定义主要以打开 App 的次数，打开一次计为一个活跃用户。按此基础可以在所设定的时间维度内引申出相应时间范围的活跃用户。例如，在一个自然周内打开一次 App，则本周为周活跃用户；在一个自然月内打开一次 App，则本月为月活跃用户。

假设 A 互联网公司在当年 8 月推出一款新产品，之后的四个月内的活跃用户数据分别是：8 月 10000 人，9 月 20000 人，10 月 30000 人，11 月 40000 人。

活跃用户通常用活跃率来反映，即某一时间段内活跃用户占总用户量之比。按照时间维度引申，分为日活跃率、周活跃率、月活跃率等。

活跃用户数反映的是产品的市场体量。活跃率反映的是产品的健康情况。不同产品的用户需求（高频或低频）不同，活跃率也有差异。用户运营的职责是监控活跃率的变化，并不断提升它。

接续上面的例子，想要知道每个月的月活跃率，就要同时知道每个月的用户注册情况，然后计算本月活跃用户在截至月末的总注册用户中占比（见表 14–1）。

表14–1　A互联网公司新产品的用户月活跃率

项目	8月	9月	10月	11月
活跃用户数/人	10000	20000	30000	40000
注册总用户数/人	10000	25000	40000	60000
用户月活跃率/%	100	80	75	66.7

对于新产品而言，活跃用户数上升，但用户活跃率下降，是很正常的情况，因为不能要求每一个用户都适用新产品。

某些用户下载产品后，认为功能是自己想要的，就会长期使用，成为忠诚用户；有些用户下载产品后，起初用得不错，但过一段时间就不再使用了，从此流失；有些用户下载产品后，觉得产品一般便不再使用，但产品的新版本发布后，又觉得新版本不错，便继续使用，成为活跃用户；有些用户下载产品后，觉得使用体验一般，卸载后不再使用。

所以，用户的使用情况是多种多样的，运营人员要做的是详细分析用户活跃情况的数据。在统计出月活跃率后，还要进一步统计出每月的新增用户数，用后一个月的注册总用户数减去前一个月的注册总用户数（见表 14–2）。

表14–2　A互联网公司新产品的每月新增用户

项目	8月	9月	10月	11月
活跃用户数/人	10000	20000	30000	40000
注册总用户数/人	10000	25000	40000	60000
新增用户数/人	10000	15000	15000	20000
用户月活跃率/%	100	80	75	66.7

有了新增用户数，可以计算出老用户数，即用每月的注册总用户数减去每月的新增用户数（见表 14–3）。

表14–3　A互联网公司新产品的每月老用户数

项目	8月	9月	10月	11月
活跃用户数/人	10000	20000	30000	40000
注册总用户数/人	10000	25000	40000	60000
新增用户数/人	10000	15000	15000	20000
老用户数/人	0	10000	25000	40000
用户月活跃率/%	100	80	75	66.7

新增用户是打开 App 并在某个时间节点使用的用户，因此新增用户在本月内都属于活跃用户，可以得到新增用户活跃数和新增用户数是持平的，而老用户活跃数就是用每月总的活跃用户数减去新增用户活跃数（见表 14–4）。

表14-4 A互联网公司新产品的每月新增用户活跃数和老用户活跃数

项目	8月	9月	10月	11月
活跃用户数/人	10000	20000	30000	40000
注册总用户数/人	10000	25000	40000	60000
新增用户数/人	10000	15000	15000	20000
老用户数/人	0	10000	25000	40000
新增用户活跃数/人	10000	15000	15000	20000
老用户活跃数/人	0	5000	15000	20000
用户月活跃率/%	100	80	75	66.7

在掌握计算新老用户活跃率的所有数据后，下面计算新增用户活跃率和老用户活跃率。因为每月新增用户都属于活跃用户，所以新增用户活跃率都是100%；老用户活跃率则计算老用户活跃数与所有老用户的比例（见表14-5）。

表14-5 A互联网公司新产品的新增用户活跃率和老用户活跃率

项目	8月	9月	10月	11月
活跃用户数/人	10000	20000	30000	40000
注册总用户数/人	10000	25000	40000	60000
新增用户数/人	10000	15000	15000	20000
老用户数/人	0	10000	25000	40000
新增用户活跃数/人	10000	15000	15000	20000
老用户活跃数/人	0	5000	15000	20000
新增用户活跃率/%	100	100	100	100
老用户活跃率/%	0	50	60	50
用户月活跃率/%	100	80	75	66.7

第十五章　转化：增强用户购买力

做好转化空间预估

用户运营要想办法拉来新用户，并想办法让用户留下来，再想办法刺激用户活跃起来，还要看到实实在在的转化率。

转化是指用户为满足自身需求，发生了对产品或服务的付费行为。用户的付费行为，是在其有限的资源内，做出的符合期望效用最大化原则的决策行为。用户在已知所有满足需求的备选项中，选择了其认为的“性价比”最高的选项。

只有提升用户转化率，才能提升用户价值。但在具体操作用户转化之前，或许会有些迷茫：“我能看到的数据无非是已有的活跃用户数和转化率，如何利用这些数据来判断通过运营可以转化多少活跃用户呢？”

因此，在着手提升用户转化率之前，先要分析清楚用户的转化空间有多大，避免在运营过程中错误地设定目标。在预估好转化空间后，通过用户分群及路径优化，找到影响转化率与留存率的关键点。

在此引入“蓄水池”的概念，即在一定时间内，所有在产品中未被发掘的低频活跃用户可被视为待唤醒用户，这些待唤醒用户形成一个蓄水池。参照行业内主要竞品的活跃用户数与蓄水池用户的比值，可以预估出可转化用户空间。

下面，以一组健身类产品的用户数据为例，通过这款健身类产品与竞品的数据对比，具体看看蓄水池用户占比（见表 15–1）。

表15–1　某健身类产品数据的转化空间

App	月活跃用户数/万人	日活跃用户数/万人	蓄水池用户/万人	蓄水池用户占比/%
本品	6500	960	5540	≈14.77
竞品一	4200	750	3450	≈17.86
竞品二	980	320	660	≈32.65
竞品三	3010	760	2250	≈25.25
竞品四	7750	1130	6620	≈14.58
竞品五	1580	380	1200	≈24.05
竞品六	260	90	170	≈34.62

从表 15–1 中可以看出，本品的日活跃用户数为 960 万人，与大部分竞品相比，用户活跃度较高，市场份额位于行业前列。那么，这样一款在行业中获得较高日活跃用户的产品，其用户转化空间是怎样的呢？

本品的月活跃用户数达到 6500 万人，其蓄水池用户（待刺激转化活跃用户）则有 5540 万人（6500 万 - 960 万），转化空间很客观。但是，这些蓄水池用户都能转化成日活跃用户吗？显然是不可能的，因为用户转化漏斗一直存在，每经过一个环节必然会流失一些用户（见图 15–1）。

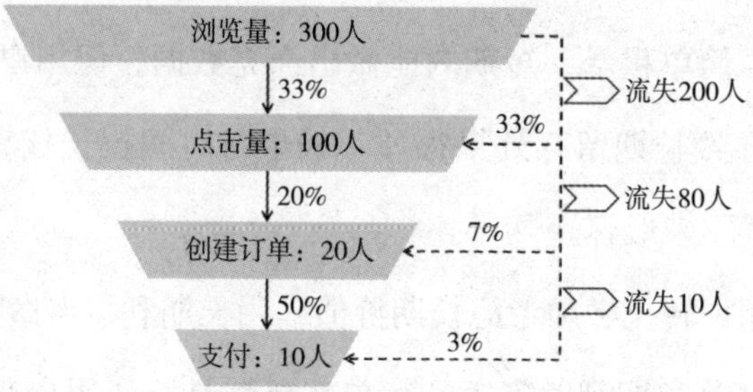

图15–1　用户转化漏斗

注：实线箭头是环节转化率；虚线箭头是整体转化率。

表 15–1 的数据显示，行业中用户基数越大的竞品，其用户唤醒率越低。因此，用户基数越大，保持高用户活跃占比就越困难。根据表 15–1 可以算出行业中的平均唤醒率为 23.40%（本品和竞品的蓄水池用户占比之和除以 7），而本品的用户唤醒率仅为 14.77%，因此还有 9% 左右的转化空间。

将本品的用户唤醒率提升至行业平均水平，将有 560 万名用户（6500 万 × 23.396%–960 万）的转化空间。将范围扩大以增加操作的灵活性，可知将有 500 万 ~ 600 万的用户可被转化为日活跃用户。

专注长期价格做转化

做转化要专注于长期价值，用短期利益去诱导用户是大多数运营人员都会犯的错误。为什么运营人员会关注短期价值而忽视长期价值呢？根本原因是其为了实现短期 KPI 目标的提升，即用一些类似返现的短期策略来刺激用户转化，短期看效果是达到了，但却给长期价值转化埋下了隐患。

这种短期价值行为正好也符合用户的价值期许，“反正这次下单是可以获得很大优惠的，便宜了这么多，为什么不买呢”。因此，用短期策略撬动用户完成交易，简单粗暴，短期内能做出漂亮数据，但用户也多是冲着短期利益而来的，导致长期留存效果很差。如果将时间拉长核算用户运营成本，可以用“亏大了”来形容。

因此，做用户转化必须考虑长期价值，用长期利益点做转化。

那么，什么是长期利益点呢？简单解释就是，让用户对品牌 / 产品有长期的认知，将用户的心智吸引到产品上，而不是只对“新人礼包”有认知，更不能只让用户对打折有印象。短期利益点和长期利益点的区别，对于用户留存非常重要。

例如，告诉用户“此次充话费有全额返现”，优惠力度够大吧！但用户对于产品的认知有多深刻呢？其实很浅。因为用户被吸引来的原因是“全额返现”，只要这次充值，充多少就返多少。用户的心智被牢牢定在了“这次”的优惠上，兴高采烈地“薅一波羊毛”就离开了。因为没必要继续留下了，也没有下一次了。即使又推出了“充值有减免”的活动，用户被吸引的主要因素还是优惠活动本身，产品总是藏在活动背后的“隐者”，而且一些用户可能还会对这次优惠没有上次优惠力度大，而对此次的优惠不屑一顾。由此可见，用户运营中急功近利的策略是不可能达到目的的。

想让用户留下来，得给用户一个愿意留下的理由。比如，告诉用户“每个月在这里首次充值话费都有返现，每周三买商品享半价优惠”，优惠力度并不大，但会让用户形成对品牌/产品的长期认知。用户会记得每个月都来充值，以享受每周三的半价优惠。用户的关注点被拉到了品牌/产品上，如果认可这个优惠活动，就会主动留下来。如同用一款“钩子商品”吸引用户完成了首笔交易后，用户继续完成接下来的交易，就会享受更多、更丰富的优惠。比如，可以继续告诉用户“连续六个月在这里充值，可享受一次两折优惠购买商品”，用户看到还有叠加优惠可以享受，留下来的概率会大增。因此，设立长期的利益点，有利于用户长期留存。

做用户运营的长期价值，有一个必须要注意的原则，即不要把激励一次性全部释放给用户，必须分散释放，放长线才能钓大鱼。例如，某企业要向每名用户发放价值60元的优惠券，分三个月分配给用户，每个用户每个月可以领取一张价值20元的优惠券。这种运营模式既能节省成本，又能达到健康运营的目的。

用户分群转化

用户分群是按照用户生命周期或用户行为特征，将其分成不同阶段或不同类别的用户，从而采取不同的运营策略对各阶段或各类别的用户进行运营。数据分析师也可以根据用户的活跃 / 付费等特征对用户进行群组的划分，从而对不同的用户采取针对性的运营策略。

用户分群不是为了将用户依据某种特征区分开，而是要在对用户区分之后进行合适的运营。在分群运营时，需要注意以下三点：

（1）不要因为分群而强行开展有区分的活动或制定区别较大的运营方案。分群后将会面对多个用户群，所策划的运营活动有时可在多个用户群同步执行，此时就不用刻意区分了。

（2）要根据运营结果反馈完善分群。一开始做的分群可能会因为一些原因不够完善，通过运营结果可逐步完善。

（3）善用 A/B 测试评估运营策略的有效性。由于同一分群用户基本变量一致，更适合 A/B 测试，验证运营策略。

用户分群是为了针对不同类型的用户进行合适的运营，因为永远也不可能用一款产品就赢得所有用户。

某银行正在运营一款理财产品，该产品至少有四个主打点：比市面更高的存款利率、跨行转账免费、低息贷款、每笔支付享随机立减优惠或可享受免单。

如果一次性将这四项利益点都摆出来，介绍页会很长，而且用户也不可能完全记住，还可能因为介绍的过于烦琐索性一点也记不住了。这也是很多运营人员会面临的情况——记忆点太多等于没有记忆点。

怎么办？总不能埋没产品的优势吧！最好的方式就是将用户分群，针对不同的用户群主打不同的利益点。比如，面向期望获得良好理财收益的获客场景，应主打存款利率的利益点；面向经常转账而期望获得小利益的商户获客场景，应主打跨行转账免费的利益点；面向期望获得高额贷款及低额利息的贷款获客场景，应主打低息贷款的利益点；面向经常支付消费的大量用户获客场景，应主打随机立减优惠的利益点。

当没有明确的用户属性时，如自然流量的获客场景，要选用一个通用的利益点。产品刚起步做转化的初期，也要选用通用的利益点去面向市场，有助于更快速上线，并能第一时间看到市场反馈。通过回收的数据，可以看到不同潜在用户群体对于产品功能诉求的差异，基于数据再看如何做精细化的用户群拆解。

相关数据表明，如果用通用的利益点策略做转化，可以做到20%的转化率，那么在此基础上做用户群精细化运营，转化率至少可以提升到30%～40%，提升的空间非常大。

用户分群有明暗两种分法。根据用户是否可感知，可以分为明分群和暗分群。

（1）明分群——表现形式更多是用户成长体系，分群规则为明（不同级别用户的定义），运营策略为明（明确不同级别差异化服务），通过提供优质化的服务来吸引用户努力升级、努力留在当前等级。例如，知乎为促进用户进行创作，根据“创作活跃度”“内容优质分”“创作影响力”“关注者亲密度”“社区成就分”五个维度计算分数，划分不同等级，而不同等级对应不同权益，吸引各等级用户持续创作。

（2）暗分群——更多是企业内部运营人员根据运营需求对用户进行划分，用户不可感知。分群规则为暗（用户不知道自己所在群体），运营策略为暗

（用户不知收到的运营服务），由运营人员进行分群和定向运营，用户被动接受。比如根据 RFM 模型划分群体。

转化路径上的优化

做用户运营，必须将用户尽可能地转化，但用户很难主动转化，只有看到值得转化的利益点才会愿意转化。有些时候哪怕利益点都呈现出来了，用户还是会因为转化路径上的各种烦琐过程而不愿意转化，此时就需要对转化路径进行优化。

1. 减少流程

做产品必须简化流程，尤其是转化的步骤不要多，每多一步，都会有人流失，且在转化的过程中让用户尽量不要跳出。流程越简明，用户的操作难度越低，转化率越高。

2. 给用户一条转化主路径

用户对一款新产品的第一印象非常重要，无论是实体产品的功能和样式，还是平台产品的直观感受和使用流程。但是，有些产品的设计模仿知名产品的风格，以为用户会因为一些“熟悉”的感觉对产品更有好感，但事实却是相反的，因为用户使用的不是那个知名产品，而是一个新的产品，用户不会因为熟悉知名产品就会自然而然地熟悉这个对自己来说还很陌生的产品，很容易在“熟悉的陌生”界面里迷失。因此，产品的设计一定要有自己的风格，并且给用户留出一条转化的主路径。

健身 App Keep 在这一点上就做得非常到位。当一个新用户下载了 Keep 后，Keep 会先询问用户的身高、体重、性别、年龄、健身目标，希望改善的部位是哪里，然后为用户制订一套运动方案，什么时间点要做什么、该看哪些教程，都安排得明明白白。在此基础上给用户一个选项：24 小时内可以低价开通会员，转化链路可以说清晰明了。

试想，假如 Keep 没有这样的引导，一个健身“小白”，打开 App 后很可能就会迷失在 App 的各种推荐里了。别说开通会员，可能一开始就很迷茫，还未等继续体验就离开了。

3. 分步转化，让用户一步一步完成阶段性任务

假如用户从首次进入 App 到完成注册共需十步流程，就不能让用户一次性去完成这十步，而是要拆开进行，先做几步获得一个阶段性成果，再去完成余下的几步。

某信贷产品 App 在设计授信流程时，起初要求用户完成手机号注册、上传身份证、填写资料、进行人脸识别，才会告知用户贷款额度。这个过程说长不长、说短也不短，平均每个用户填写完成需要五分钟，这还是在用户不产生厌烦情绪的基础上，如果用户中途有些厌烦情绪，过程会更长。

当该 App 发现了用户转化率低的症结后，立即优化了授信流程。只要用户完成手机号注册和上传身份证，就会告知用户一个初始额度。用户在使用初始额度的过程中，再补齐资料填写、人脸识别流程。该 App 整体转化率提升得非常明显，因为很多用户已经获得了初始额度，大部分都会主动补齐资料，获得余下的额度。

4. 根据产品属性选择合适的转化方式

根据产品形态寻求最合适的转化路径是非常重要的。以现在互联网时代下产品的线上转化和线下转化为例进行阐述。

有些产品只通过线上方式转化，就可以达到转化效果，比如电商等。

但是，有些产品纯靠线上触达是难以转化的，如大额理财类、基金股票类、在线教育类产品等，因为用户有太多想问的问题：平台靠不靠谱、基金怎么买能赚钱、有没有体验课程等。针对这些场景，通过社区运营或者一对

一销售的引导转化效果更好。

还有一些产品，因为本身属性的特性，需要线上与线下结合的双重转化模式才能达到转化效果，并且要控制投入产出比。比如做 TO B 类项目的用户转化，因为 B 端用户不好获取，需要将转化做到极致，可以采用线上转化与人工干预结合的形式，一部分能够自然转化的用户通过线上的方式转化，线上转化不了的用户再转入线下由人工干预，既可以提升转化率，也降低了人工成本。

第十六章　复购：提高用户忠诚度

沟通机制：打出“提醒”组合技

复购也称“重复购买率”，指用户对品牌/产品或服务的重复购买次数。重复购买率越高，反映出用户对品牌/产品的忠诚度越高；重复购买率不高，则反映出用户对品牌/产品没有认可度。

激励用户复购的场景无论是线下还是线上，可谓比比皆是。例如，线下理发店办理会员卡，就是让用户复购；线上电商的短信推送，也是让用户复购。

企业或品牌想要长期存活，不能只关注新用户，老用户更具价值。只有老用户的不断复购，才能让企业/品牌获得长久的盈利和存活，因为复购的用户成本较低，所以不断复购的产品收益较高。

影响复购率的基础要素是商品质量、服务质量、物流效率。次要要素是运营方法和营销触达。对于基础要素的改变需要从各要素的根本上进行，运营能做的调整是改进运营方法和触达方式。

运营方法和触达方式离不开网络效应，更离不开具有网络效应的产品。比如，微信是一个有网络效应的产品，使用者越多，对其中的用户就越有价值。一个人拥有的微信好友越多，要离开这个产品就越难。

但是，网络效应不是只有社交这一种形式，对于用户运营而言，网络效应的功能更有价值性，比如通过网络效应定期推送企业 / 品牌 / 产品的活动提醒。

1. 通过实物提醒

在产品上做一些特殊的标记，让用户拿到产品的第一眼就对品牌产生深刻印象。这个标记并不要求必须设计精美或者用料昂贵，但一定要具有特殊性，特殊到可以让人过目不忘。在产品外包装上贴上如此醒目的标签，标签上既可以写明企业的电话、网址、地址，也可以强调企业 / 品牌接下来的优惠活动和优惠力度。当用户想要再次购买此类产品时，曾经印刻在脑海中的那个标签就会无声且强烈地提醒用户，复购有时候就在这种暗示中完成了。

此外，企业 / 品牌还可以赠送用户一些实用的小东西，能让用户经常带在身边，就会起到时常提醒的作用。例如，带有品牌标志的磁铁装饰贴、笔、鼠标垫、钥匙扣等，这些礼物能给用户带来意料之外的惊喜，加深用户对品牌的第一印象。

2. 通过数字提醒

数字提醒不是简单地给用户发送“×× 天未登录”的召回信息或者“连续 ×× 天在线”的奖励信息，而是要将数字全面铺开，形成“数字化”的网络围绕在用户身边，既让用户经常感受到企业 / 品牌的存在，又不让用户因为被频繁的信息“轰炸”感到厌烦。

数字提醒一般有两种形式：①通过一系列小礼品、小赠品，加上用户的微信，让用户关注企业的公众号；②做一些拼团、团购等的社群，定期通过短信、朋友圈、社群、公众号等形式进行活动的推送，如新品上市、年终打折、买一送一等活动。

3. 通过品牌提醒

除了为用户提供奖品、折扣、积分、发送提醒，还有一些策略可以增加用户对企业/品牌的忠诚度。

例如，某户外运动品牌的产品，如帐篷、棉夹克都是比较经久耐用的产品，该品牌根据这一产品特性，为用户长期提供以旧换新服务，为品牌带来了不少忠实粉丝。

再如，某外套品牌与其他品牌不同，不会一直鼓动用户购买新服装，而是秉承环保理念，为用户提供服装翻新、折价交易、限时回收等服务，获得用户的忠心追随。

总之，企业要提高复购率，不能只盯着用户的钱包，还要想着为用户提供真诚的服务，理解用户才能换来用户的理解，关心用户才能博得用户的关注。品牌的价值观、政策和责任心都能有效提升用户的重复购买率。

活动机制：拉满会员价值和圈层满足

重复购买率分为：①用户复购率：单位时间内，购买两次及以上的用户数或者购买的总用户数；②订单复购率：单位时间内，第二次及以上购买的订单个数或者单位时间内的总订单数。

用户复购率分为：①会员复购率：单位时间内，购买两次及以上的且入会时间在统计开始时间之前的会员数或者入会时间在统计开始时间之前购买的会员总数；②新用户复购率：单位时间内，购买两次及以上的当期新用户总数。

与复购率相似指标是会员回头率，即单位时间内，购买的会员数或购买的总用户数。

之所以要区分会员复购率和新用户复购率，是因为下面要详细阐述会员价值。会员用户相当于企业/品牌的一笔稳定的轻资产，看得见抓得着，会员用户的回头率、复购率，相比普通用户高出不止一倍两倍。通常情况下，设立会员制必须遵循两个原则：

（1）权益原则——给予会员的权益要有足够的吸引力。

（2）回报原则——会员要能带来更多的销售额和利润。

很多企业/品牌做到一定规模后，都会搭建会员体系，这样的目的通常有两点：①丰富会员服务；②提升会员黏性。常见的做法如会员等级体系、会员尊享活动、会员成长体系等，都是为了让会员用户快速复购。

任何一种模式都离不开“会员卡”，线下是实体会员卡，线上则是虚拟会员卡。“会员卡”模式在传统线下业务场景中很常见，是一种很好的现金流获取手段。

现在有很多电商平台开始将其应用到线上，如一些外卖平台的会员机制，支付一定的会员费，就可以享受到固定周期内的购买优惠。这种优惠对于用户的吸引力比较强。成为线上会员后，基本上等同于用户与平台做了一个消费绑定，用户只要想在网上点餐，就会想到自己成为会员的这家。因为一个用户在同一类App中，通常都只选择一个（最多两个）自己心仪的平台并交费成为会员。除非价格差别很大，才会到其他自己不是会员的App上下单，但往往因为经常在固定的App上下单，对于其他App的价位并不了解，且同类App的同类商品价格差异很大的情况基本不会出现。

传统的线下“会员卡”模式虽然难以创新，但却是以消费用户信任的方式换取未来现金流的一种很有效的手段，有越来越多的电商平台开始把这一策略搬到线上，目的就是绑定用户。

当看到“成为黑卡会员，本单可省200元，而且全年订单全部免运费”的活动，想必会有很多用户心动吧！毕竟如果成了会员，买任何东西就无需再考虑凑单免运费的问题了，且很多商品还能便宜一点，这种省时、省钱的模式会赢得众多用户青睐。

除了成为会员，让用户形成心理依赖外，还可以通过圈层满足来锁定用户。圈层满足是指针对某一圈层用户不同类型的需求，提供不同的产品。通俗地说，就是向同一用户群卖尽量多的他们喜欢的产品。比如，虎扑锚定的是喜欢体育的一些阳光男人，便向这个用户群卖球票、运动鞋等系列相关产品。

关怀机制：让用户形成习惯回路

复购的一定是老用户，也就是针对存量市场进行用户运营。需要重视对老用户的关怀和维系，让老用户保持适当的活跃度。然后采取交叉销售、升级营销等手段，多措并举，提升老用户的价值。

比如，要提升某 App 的日活跃率，可以通过对用户行为和反馈数据的分析，识别用户的偏好趋势，并迎合用户的偏好，为老用户发放激励性的福利，以增强其活跃度。

再如，电信运营商在经营流量时，经常研究细分用户群的内容偏好，为用户推荐合适的内容，开展流量进阶活动，巩固用户的上网习惯。当发现用户出现流量溢出时，及时提醒和鼓励用户参加套餐升档优惠活动，通过短信群发、电话外呼等方式，鼓励用户升档到高额度的流量套餐上，实现了用户价值的提升。

让用户形成习惯，是提升复购率最为有效的方法之一，那么如何让用户形成习惯呢？在用户对品牌 / 产品有基础需求的前提下，可以通过以下三种方式让用户形成习惯。

（1）暗示：可以是视觉图像或声音、某个地点、时间、情绪，让大脑进入某种自动行为模式，并决定使用哪种习惯。

（2）奖赏：某种让你快乐的东西，大脑辨别出是否该记下这个回路，以备将来之用。

（3）惯常行为：可以是身体、思维或情感方面的。可以是复杂的，也可以是简单的。

随着暗示和奖赏的反复强化，强烈的参与意识和欲望出现，人们不断遵循参与意识和欲望去实施行为，直至形成习惯。在这个过程中，大脑不需要完全参与决策。除非可以找到新的惯常行为，否则已经养成的习惯模式会自动进行。

同样是新闻客户端，为什么很多人用今日头条 App 就有“上瘾”的感觉？原因就在于习惯回路。当一个用户用较长的时间看一则新闻时，今日头条的机制是推送更多该用户喜欢的新闻，因为他们从每个用户对新闻消息的浏览时长上分析出用户的兴趣偏好，然后针对每个用户的不同偏好精准推送用户喜欢看的新闻。

此外，今日头条还巧妙地运用了视觉图像的暗示性，每一条今日头条的消息后面都要加一句“看今日头条”，哪怕是一则广告，后边也要跟着这五个字。目的就是让用户形成习惯：当某一件事情发生的时候，看今日头条；当你想看些什么的时候，看今日头条；当你什么都不想做的时候，看今日头条……

想让用户形成习惯回路，就离不开对用户的关怀。今日头条给用户推送用户喜欢的消息，就是对用户的关怀。关怀需要直接触动用户心坎，让用户心甘情愿地接受。

某高档男士商务装品牌店推出“免费干洗服务”，当然是有前提的：“每个月为您干洗在本店购买的服装，普通会员 1 次，银卡 3 次，金卡 5 次。”高档服装是必须干洗的，对用户来说在哪儿都是洗，有免费的干洗服务他们当然会接受。而且服装是这家店卖出去的，拿回来干洗更放心。而从这家店卖出去的衣服，会员再把衣服拿回来干洗，每次送取衣服和等待的时间，就可能会再看看新款式，来的次数多了，买的概率自然就大。

有时仅是一个小小的增值服务，就能让用户感受到切实的关怀。所以，用户甘心情愿重复到店里来，这就轻松达到了让用户持续复购的目的。

第十七章　裂变：实现用户自传播

设置门槛，遴选超级用户

在私域运营时代，所有企业都从争抢流量向争抢超级用户转移。在争抢超级用户时，只有比对手跑得更快、更早，更全面地壮大超级用户群，企业才能更有战斗力。

以经营一家手工工作室为例，如果进行引流，除了工作室门店、社区等线下场景外，还应包括朋友圈、美团、大众点评、抖音等线上平台。此外，平时的运营则必须多点布局，涉及个人微信、企业微信、社群、公众号、视频号、小程序、私域直播等。

这种类似"饱和攻击"的运营策略，能尽快让品牌、产品更深入、更广泛地触达超级用户，吸引超级用户长期关注。

那么，什么样的用户可以称得上超级用户？如何遴选超级用户呢？

很多人认为持续复购的"铁粉"或是付费的 VIP 用户，就是超级用户。其实，超级用户不是简单的用户里的"大户"和"VIP"，这样等于低估了超级用户的潜能和价值。

超级用户对于企业的贡献不仅在于购买和付费，还有参与推广，甚至参与企业经营，在其中扮演各种角色。

超级用户通常具有三个特征，即超级认可你、超级有驱动力、超级投入。

“超级认可你”是成为超级用户的前提，只有认可企业、品牌和产品的用户，才愿意和企业建立联结；只有始终对企业、品牌、产品具有较高的认可度，才能具备超强的驱动力，愿意主动为企业做更大的贡献；不论是拉新、转化、复购、裂变，用户愿意投入的时间、资源、资金和精力越多，企业就越容易达到目标。

相比普通用户，超级用户应该是“有身份”的人。这里所说的“身份”不是超级用户在自己领域中的社会地位，而是企业与超级用户合作时赋予超级用户的一定身份，目的是让超级用户产生独特感，提高企业、品牌和产品的黏性。

企业可以通过设置门槛来遴选超级用户，具体方法如下。

1. 制造不是所有人都能得到的稀缺资源

限量发售、收窄入口可以营造稀缺感，让用户产生“这么好的福利，如果不能抢占先机就会失去机会”的紧迫感。

某企业在招募第一批会员时，分析了基本盘，发现能够触达的用户量在80万人左右。然后在企业微博、企业微信、企业公众号和所有企业微信群，甚至员工的朋友圈进行“饱和式攻击”，让用户在任何渠道都有机会看到企业的招募信息。但是，虽然招募的网撒得很大，但收口却收得很窄，首批只招募1000名会员。

这种“宽进严出”的方式可突出机会的稀缺性和权益的稀缺感，是对“超级用户”这个身份的尊重。获得超级用户身份后，用户的自豪感和荣誉感会非常强，相当于用户价值溢出被放大了。

该企业做限时限量的会员招募活动时，还会定时公示所剩名额和剩余时间，增加用户的紧迫感。名额剩余越少，用户的竞争心就越强烈。

虽然限时限量有“趁机”驱动的意思，但选择成为超级用户始终是一种自发意识的存在，企业需要因势利导，使用运营技巧，让超级用户形成自我驱动。

2. 通过“少”突出用户的超级属性

有些时候可以有明确的会员等级，如超级会员、一级会员、普通会员、新会员等。但有些时候无法用明确的“超级会员”对用户进行界定，要如何体现超级会员的属性呢？

这时要体现物以稀为贵的特性，企业在推出产品时要使用限量策略。对于用户来说，限量本身就是一种身份的说明。就像买奢侈品一样，销售渠道的超级用户买的不只是产品，还有尊贵身份的象征。

超级用户对身份的认同感和满足感越强烈，其自身的裂变性驱动力也越强烈，越愿意主动维护住这个可以凸显自身额外价值的途径，即主动为企业贡献力量。

从物质方面制造利益的稀缺感，从精神方面打造身份的尊贵感，驱动超级用户，让超级用户“有所图，有所得”，才能让超级用户为之所动，为你所用。

裂变六字经：“拼、帮、砍、送、比、换”

用户裂变的直接表现之一是分享行为——用户主动分享自己使用过的产品或者体验过的服务，将好的经验传递给别人。在口碑裂变时代，用户分享多数是无偿的，觉得产品好、服务棒，就会推荐给其他人。但在互联网时代，用户分享从无偿变成了有偿，分享的用户会获得企业 / 品牌的一些奖励。但这种奖励并不能让用户“无脑分享”，用户是否愿意主动分享，关键仍然是产品或服务的质量。

如今的用户分享正在朝亲密关系倾斜，关系越亲密，扩散和转化效果越强。正因为分享的关系越发亲密了，用户的分享行为也越发谨慎，不会因为简单地想获得一点奖励就随意分享。因此，在这个更讲究分享品质的时代，想让用户主动分享是一件非常不容易的事情。

但另一个奇怪的现象却是，一些创业成功者总是能够在很短的时间内就获得数以百万、千万乃至亿计的用户。回顾那些企业快速增长的社交玩法，可以归纳为六个字，下面逐一介绍。

1. 拼——许多用户集体拼购，以获得商家更优惠的折扣

有赞曾连续几年发布这个动作的参考数据：2018 年，有赞用户一共完成了 2525 个拼团订单，实现流水 12 亿元。“拼”总是很受用户欢迎的，因为可以带来实实在在的优惠，平时享受不到的优惠价格，都会在“拼”字的引领下悄然而至。

用户永远不会拒绝切实的优惠，拼多多正是借着这个玩法快速崛起。社区团购在这个细分赛道也收益多多，“拼”的势头已经蔓延至全网络。

2. 帮——请朋友帮助自己在产品购买中完成某项任务

“帮”这种玩法曾经在线下非常火爆，比如某店铺规定，如果再找来两位新人一起完成三天体验的任务，就能获得一袋十斤的大米。一些顾客总是轻易被这种方法“击中”，不断在身边寻觅可以帮助自己完成任务的对象。

后来“帮”这种玩法被搬到了线上，用户如果想获得某项收益，可以邀请好友协助其完成特定的任务。

3. 砍——和“拼”类似，都是帮用户省钱

“砍”和“拼”类似，在此就不赘述了，总而言之，用户对于能给自己省钱的机会，通常不会视而不见。

4. 送——简单直接，给用户送上好处

微信读书用户的增长，就是充分利用了“买一赠一，赠一得一”的营销手段。“送”也在瑞幸咖啡的营销中被广泛运用，赠一得一（每成功邀请一位好友，就可以免费获得一杯咖啡），还有买三赠三和买五赠五等。

“送”的方式是很直接的，让用户对于自己能够在什么条件下获得什么样的额外利益一目了然。因此，“送”的策略必须围绕直接，不能采用过于复杂的连环步骤，那样只会被用户抛弃。

5. 比——通过比较获得用户的认可

各类排行榜如今是大量在线产品和APP的标配，也是大部分产品的玩法标准。这种小圈子的比拼和比较令人心动，因为人人都想做“小池塘”里的“大鱼”。

6. 换——用最低成本激活低价值或无价值的东西

“旧的不去，新的不来”，当新的来了后，旧的就会被搁置或丢弃，搁置的旧物总得有一个处理的出口，若能合理再利用，是最好的选择。于是一些主打用户之间闲置物品交换的App就出现了。

“换”不只是最直接的以物换物，还可以将旧物换成钱，“闲鱼”就是帮助人们消化不用物品的平台。还有一些平台的某个板块也能帮用户实现旧物换钱，比如京东和淘宝都设有“闲置换钱”板块。

通过特权价值激发超级用户的潜能

每个人都希望占据独特的资源，既然企业为超级用户确立了利益上的稀缺感和身份上的尊贵感，就等于承认了超级用户在一些方面会享受到企业赋予的“特权”。

“特权”通常分为赋予特殊的权力驱动（特权驱动）和享受特殊的价格驱动（特价驱动），各自含有两个分支，下面分别进行介绍。

特权驱动方式一：用特别的产品体现特别的价值

当代年轻人已经成为主要消费群体，也是产生超级用户数量最多的群体。这个群体对于权力的认知远超前人，无论是进行商业运作，还是开发超级用户，特权驱动非常适合这类人群。

特权驱动方式二：赋予最贴近用户的人最大的特权

最贴近用户的人最能直接感受到用户的情绪，并通过用户的情绪分析用户的需求。当这些最贴近用户的人拥有特权时，会一步到位去满足超级用户的需求。

KOL 在自己经营的内容平台上发布内容，有自己设定的主题，并以此确定拍摄内容、节奏。比如，经营餐饮业的店主让 KOL 探店，可以借此更好地宣传自己的店铺，店主通常会赋予 KOL 后厨探秘特权，以及设计与店铺有关故事的特权。

特价驱动方式一：让用户感到超值

特价给予超级用户一种独特的身份感，会让人主动挖掘潜在能量，彰显自我价值。特价越让用户感觉超值，就越容易刺激用户持续复购。

天猫“88VIP”会员是针对淘气值超过 1000 点用户给予的特价权利，即该类用户只要 88 元就可开通 88VIP 会员，而淘气值低于 1000 的用户则要 888 元才可以开通 88VIP。成为 88VIP 会员将能享受很多权益，如大量品牌 9.5 折、天猫国际 9.5 折、专属客服、飞猪省钱卡等。淘气值的构成由购物分、奖励分、基础分组成，提升淘气值可通过购买商品、亲情奖励和评价宝贝三种途径获得。

特价驱动方式二：形成“异业联盟”

一些企业为了给予用户更多的特价权利，会联合其他企业以“异业联能”的形式进行特价发送。

京东会员开通了和其他企业的联名卡 PLUS，比如和腾讯视频、哔哩哔哩、喜马拉雅、携程等。

“异业联盟”联结了更多企业，共同为用户创造利益空间。比如单独开通京东 PLUS 年卡需要 99 元，单独开通哔哩哔哩大会员包年需要 148 元，两者相加是 247 元 / 年，但使用京东联名卡一起开通，只需要 163 元。

超级用户有很多企业无法捉摸、无法衡量的潜能，因此，给予他们特权、特价，等于给了他们自我发掘的机会和力量。

超级用户的激活规则

针对不同行业、不同类别的超级用户有不同的策略，但无论采用怎样特立独行的打法，有两种规则是必须遵守的。

1. 等级不同，权益不同

对超级用户进行特权特价驱动，企业还需对超级用户进行分级管理，以做到精细化运营。对于不同等级的用户，需配合不同的权益。

用户的忠诚度越高，对于企业的贡献越大，享受的权益越多，以提高用户的积极性，延长其生命周期，使其继续裂变贡献能量，这是超级用户运营形成的良性循环。

蔚来的用户可以通过购买、转介绍、在 App 上发帖、在车展上做志愿者等多种方式获得积分，即蔚来值，用户等级因蔚来值被划分。拥有蔚来值的用户可以参与蔚来多种运营活动的投票，包括蔚来年度盛会的举办城市、相关用户规则，以及《蔚来用户信托章程》条款和用户理事人选等投票。

蔚来值越高的用户，享受的权益也越多，当达到可加入用户俱乐部的要求后，用户可以享受新车驾驶体验、FE 赛车观赛、海外游学、大咖分享等多种权益。

等级权益模式利用了人们渴望进步的心理特点，给予超级用户一种可控的自我实现的路径，让用户每付出一些努力，就能得到相应的升级回报，触发了用户主动升级的行为。

2. 联结越深，投入越多

甲的汽车变速箱坏了，维修的费用很高，且后续使用中会有隐患，甲经过考虑，决定将车报废，再入手一辆。

乙的汽车变速箱也坏了，同样面临维修费用很高和后续隐患的问题，但乙选择继续维修，因为他在之前的几个月内，先后对这辆车更换了前后减震器、正时皮带、发动机皮带、后轮胎、下支臂和球头、水箱和防冻液、刹车油、变速箱油，他认为若现在将汽车报废就太亏了。

当离开某个组织或脱离某个事件的成本（包括付出的精力、时间及资源等）很高时，就越难放手，这就是抽离成本给人的禁锢。

同样，一个享受了企业很多权益，并因为享受到权益而对企业投入很多的超级用户，其抽离成本是很高的，留存的概率就将增加。

第十八章　召回：降低用户流失率

流失用户的数据表现

流失用户是指那些曾经使用过产品或服务，由于对产品失去兴趣等不再使用产品或服务的用户。

企业做运营时，最不想看到的就是用户流失，最头疼的事情是如何减少用户流失或者将准流失用户召回。

用户流失的原因有很多：产品质量下降、服务质量下降、产品功能不能满足用户需求、产品外观不够时尚、促活运营不够成功、转化率或复购率持续降低、竞品功能强大、竞品营销策略更加成功……

用户流失是不可避免的，产品再好、运营再出色也不可能让所有用户都来使用产品，一定有一些用户被其他产品吸引走，毕竟每个人的需求是不同的，每个人对产品功能的解读也是不同的。但是，不能因为流失是必然现象，企业就可以对用户流失听之任之，“留下多少算多少”的态度是绝对不允许的。企业要做的是尽量完善产品和服务，尽可能地将用户需求和产品功能相结合，以降低用户流失率；对于准流失用户，要采取积极挽留的措施，找出用户离开的真正原因，对症下药，尽可能地挽留用户；对于已经流失的用户，要追根溯源，找出用户流失的根本原因，积极采取应对措施，减少其他用户流失的可能，甚至可以对已流失用户进行召回。也就是说，面对用户流失，企业需要做好两方面的工作，一方面减少未来的流失用户数，另一方面对已流失的用户进行召回。

在实施降低流失或者流失召回的工作之前，需要弄清楚一件事：什么样的用户才是真正意义上的流失用户？

以网购平台为例，是连续几个月没有访问过平台的用户？还是经常访问，但几个月内没有任何下单的用户？还是安装之后不长时间又卸载的用户？

对流失用户的定义，即便是同行业的企业也有着各自不同的定义标准。很多网站都将是否卸载作为评判流失用户的标准，那些依然安装软件但没有什么浏览和下单记录的用户，虽然不活跃，但也不算流失。

比如，用户的手机里有好几个购物平台：甲、乙、丙、丁，前两者常用，后两者尚未使用，但用户并未卸载，想着万一什么时候能用一下，但实际上几年来一次也没用过。对于甲和乙平台，这是一名活跃用户，而对于丙和丁平台，其并非不活跃用户，而应是流失用户。

因此，明确何为流失用户，知道哪部分用户即将流失或者已经处于流失状态，才能为定制留存策略给出最好的参考。

分析用户流失的原因，要对用户流失情况进行监控，用数据表示流失用户的情况，更有利于直观感受用户流失率的变化过程（见图 18–1）。

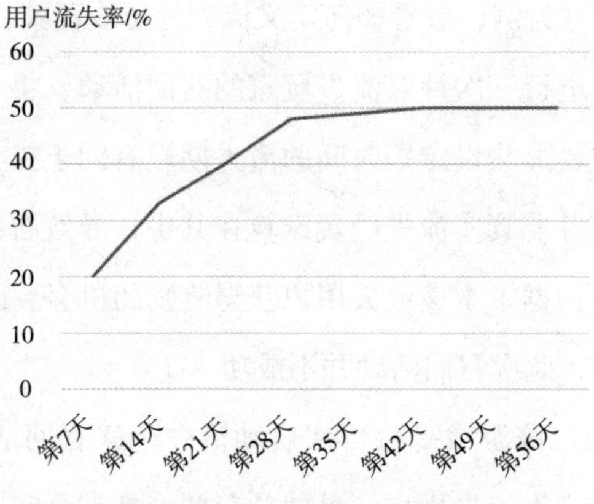

图18–1　用户流失变化过程

图 18–1 展现了整体用户流失情况的监控数据，重点在于用户的流失率是否处于稳定状态。正常情况下，新用户的流失率要高于老用户的流失率，新老用户流失的影响方面，显然老用户的流失更令商户感觉可惜。

对于流失的老用户，需要做好流失用户的跟踪记录，进行分类归纳和分析，根据分析结果进行有针对性的产品和服务优化。

合理定义流失期限

不同的产品对于流失用户的定义标准不一样。对于快消品领域的产品，一周或两周不使用即可算作流失；对于日用商品，一个季度或半年不使用才算流失；对于大宗商品，则在一年或几年内不再购买才算流失；对于个别领域，则不设流失期限。

因此，企业对流失用户可以这样定义：在一段合理的时间期限内，用户未进行具有关键性操作行为的，视为流失用户，但要结合产品特征来确定关键点。

结合不同的产品特征，设置一个合理的时间跨度，准确定义用户是否流失。下面以游戏领域为例，看看如何定义流失的游戏玩家。

某游戏平台要进行一次针对流失玩家的召回活动，将 3 天未登录游戏的用户算作流失用户，显然设定短时间的流失期限有助于扩大召回活动的覆盖面积，但也将许多并非真实流失的玩家算在其中，导致召回活动发放了过多奖励，未流失用户占据了本该流失用户获得奖励的机会，既浪费了资源，又破坏了游戏的平衡，此次召回活动并不成功。

过了一段时间，该游戏平台再次启动流失玩家召回活动，这次定义 60 天未登录游戏的用户为流失用户，虽然覆盖的全部是真实的流失玩家，但真正来参与活动的流失玩家却很少，因为两个月不再登录的玩家，在游戏领域是极少再回头的，此次召回活动同样不成功。

通过该游戏平台的两次失败的召回活动可以分析出，用户流失期限是非常重要的标识。这里涉及流失用户回归率及拐点理论，仍以游戏领域为例进行详细阐述。

玩家流失之后再次登录游戏，称为流失用户回归，根据回归用户数可计算得到用户回归率，即

流失用户回归率=回归用户数÷流失用户数×100%

流失用户回归率在流失用户定义合理的情形下，通常数值较低，网络游戏（含移动游戏）的用户回归率通常在5%以下。用户的流失期限长度与回归率成反比，即流失期限越长，回归率越低。

确定合理的流失期限作为流失用户的界定标准，通常采用拐点法。X轴上数值的增加会带来Y轴上数值的大幅下降，直到超过某个点之后，当X轴上的数据继续增加时，Y轴上的数据下降幅度明显减缓，但X轴上的数据值也已降到很低，说明用户对产品基本不存在热情了。这个关键的点，就是用户流失期限的“拐点”（见图18-2）。

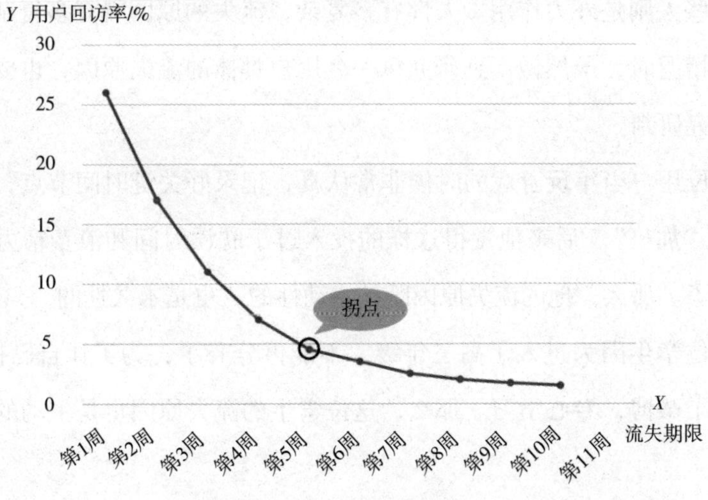

图18-2　寻找拐点法

图 18-2 中，用户流失的周期越长，回归的概率越低。用户流失的第 1 ～ 5 周，用户回归率变动差异明显。第 5 周是明显的拐点，是用户回归量从高峰期至平缓期的交界，此后回归的用户很少了，基本维持在 1 ～ 4 个百分点。

由此可知，如果在前 5 周，通过恰当的运营活动，召回用户的概率是最大的，第 5 周以后就困难了，到了第 9、10 周则很难召回用户了。

区别对待流失用户

企业对待流失用户，不能“一视同仁”，而应区别对待，这正是针对用户的独特性。也就是说，虽然企业将用户分为新手期、成长期、成熟期和流失期，并能依据一些特定的指标进行划分。但用户是一个个独立的个体，每个人都有不同于他人的具体情况，同样是流失，有些人是彻底流失，有些人只是暂时流失，有些人是被迫流失，有些人则是主动流失，有些人是性格使然，有些人则是外力作用。人性有多复杂，流失的原因就有多复杂。研究用户流失情况时，虽然做不到研究每一名用户具体的流失原因，也要划分成细类去深究研判。

一位用户当年玩游戏的时候非常认真，记录好关键时间节点，半夜定闹钟起来“加班”。后来他觉得这样的投入过于耽误时间和浪费精力了，果断不再玩了。那么，他的流失原因既是主动性的，也是永久性的。

一位学生因为进入了高三年级，不能再分心了，为了让自己彻底静心，便卸载了微博，专心学习。那么，这位学生的流失原因也是主动的，但是暂时的。

一位程序员加入了一家公司，这家公司要求必须每日用某社交软件进行日常交流，他遵守规定下载了该社交软件。两年后他去了一家新公司，这里不要求使用该社交软件，他就卸载了该社交软件。那么，他的流失也是主动的，且在未来工作中没有相关要求的情况下，很可能将永远流失。

这些非常贴近现实的例子，只是想说明，同样是用户流失，依据个人不同情况，要具体分析。但是，不可能将每一名流失用户都单列出来，进行单独分析，因此需要将流失用户分类分析。因为行业不同、企业自身特点不同、所面对的用户群体不同，实际操作中有诸多差异，但有一些通用的分类可供借鉴。

1. 系统原因导致用户流失

如果业务整体的流失率都低于同行，很可能是系统原因，可以引入漏斗模型，层层拆解分析是哪个环节出了问题，并提出对应的优化建议。

用户留存分为进入期、成长期、成熟期三个阶段，每个阶段关注的重点各有不同：

（1）进入期要重点关注用户激活和无差别改善，不断优化新用户的体验流程和体验感受。

（2）成长期要根据用户价值对用户区别对待，对于非目标受众和专门等待打折优惠才入场的用户，允许其流失，不必浪费资源去挽留；对于目标受众和重点用户，必须特别关注活跃度和流失率，在此类用户不活跃时及时跟进各类活动和优惠措施，并针对核心用户的行为进行分析，对可能产生流失的重要细节进行细致排查和优化，以防止重要用户流失。

（3）成熟期要思考产品对用户的长期价值，目的是洞察用户潜在的相关需求，主动满足用户的更多需求，反复让用户体验到产品价值。

2. 突发事件导致用户流失

如果流失数据短期出现异常波动，很可能是突发事件引起的用户流失，如服务器突然死机、原材料价格突然大幅上涨、竞品售价突然降低、毫无征兆的负面新闻……事件性原因引发的用户流失，通常在事件发生后先体现在活跃率上，过一段时间流失率才会上升。所以，用户流失分析不仅要关注流失率，也要对活跃率进行监控。

对这类事件原因导致的用户流失进行分析时，通常分为四个步骤：①观察到异常；②收集相关负面事件；③假设论证，找到核心影响因素；④找到受影响的用户群体，打上标签以备观察。

3. 趋势原因导致用户流失

如果流失率在可接受范围内波动，可以不用在意；如果流失率的波动突破了可接受范围，持续缓慢走高或者降低，则必须引起极大关注。后者的变化有时用很多模型、工具都分析不清楚，此时就要考虑是不是趋势的原因。

比如电商平台正在慢慢掠夺某网购平台的市场，这种趋势在初期是缓慢的，很难被感知。但如果未能在初期及时感知，任其发展导致的后果很可能是颠覆性的。

相比系统原因和事件原因，趋势原因造成的用户流失的识别难度和解决难度都更高。有时穷尽了现有分析方法也找不出线索，就要考虑多看行业数据分析报告、多设几个观察指标，追踪积累足够的数据后，就能看清局势了。

4. 价值原因导致用户流失

本项原因是所有导致用户流失中最显而易见的，因为每名用户的价值通过其与企业、品牌、产品的黏性可以直观看出。这种分析只能是表面分析，不能深入运营过程中的系统原因、与用户自身密切相关的事件原因和行业发展的趋势原因。但这种分析方法依然极具作用，毕竟很多时候用于分析用户流失的时间相当紧迫，直接从用户价值入手反而更直观、更有效。

用户对于企业而言，具有不同的价值属性（见图 18-3），我们能很清楚地看到那些低价值的用户更易流失，而高价值的用户不易流失。因此，在进行用户运营时，需要详细区分用户价值，并帮助用户提高价值，以增加高价值用户的总量。

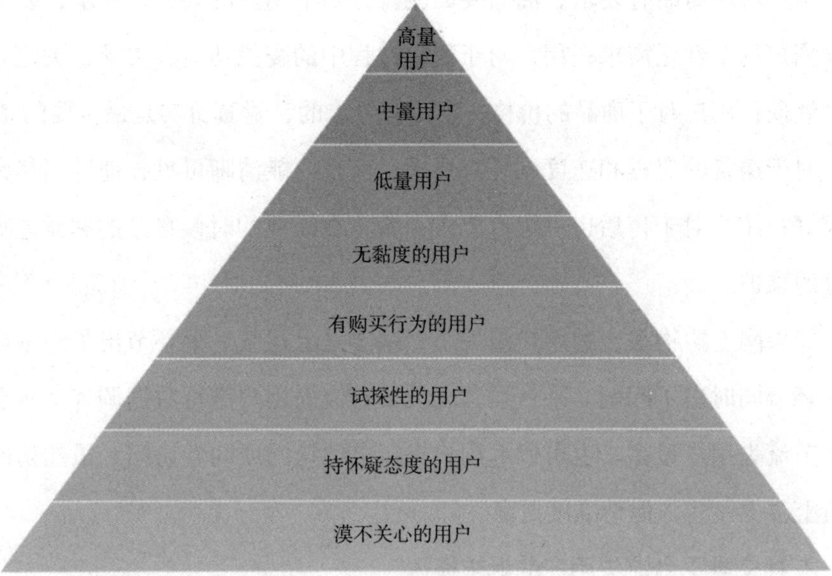

图18–3　不同价值属性的用户

整理流失用户诉求，确定召回策略

企业不仅要关注用户是怎么来的，也要关注用户是怎么没的。为了提升召回效果，企业需要制订科学合理的召回计划。而制订召回计划的关键是要预先整理出流失用户的真正诉求。

那么，流失用户的诉求应该如何整理呢？因为各类产品的特征不同、功能不同，目标受众的特征不同、需求不同，不同产品或用户类别具体策略不同，但有一些通用的方法可以借鉴。下面以三类情景为例进行整理分析。

1. 网上购物平台流失用户的诉求整理

在线购物的用户，都是希望能够买到心仪的商品，也许买到的商品是自己想要的，也许只是心血来潮而已，但必须是能够让用户满意的购物经历。

用户对于商品有要求，商品要么能符合当下用户的共同性需求，要么能符合用户的个性化需求；用户对于购物过程中的查找功能有要求，关键是不能太烦琐；用户对于商品的价格一定是有要求的，货真价实是最重要的条件；用户对于送货的流程和速度同样有要求，流程要能清晰可见，速度当然是越快越好；用户对于售后也一定有要求，希望在需要的时候自己的利益能得到较好的维护。

如果网上购物平台的用户流失了，基本是上述某一个环节出了问题或者多个环节同时出了问题。平台运营人员要对流失用户进行数据调查，看看哪个环节流失用户最多。也可以对用户进行电话访问或问卷访问，虽然访问用户量上会少一些，但精准度更高。

2. 社交类平台流失用户的诉求整理

使用社交类平台的用户，都是希望借助平台达到远程社交的目的，但通常又不希望仅限于社交的直接目的，还包括抒发个人情感、发表个人见解、了解相关咨询、缓解情绪压力等多重目的。微信就同时满足了上述功能，朋友圈可以抒发情感，公众号可以阐述观点，订阅号可以了解世事，小游戏可以缓解压力。

如果一款社交产品的功能只能是社交，很大程度将会流失用户。但如果一款社交产品的主要功能偏离了社交，也将流失用户。对于社交平台流失用户的诉求整理方面，需要重点关注用户对产品各场景的利用率，如果用户总的社交体验越来越少，转而更多去关注其他功能，说明产品的主要功能的设计上出现了问题；如果用户对其他方面功能的使用呈减少趋势，说明其他辅助功能的设计出现了问题。

此外，社交产品必须设定人工客服服务，这样，才可以第一时间获得用户的诉求，通过诉求就能发现产品的问题所在。

3. 线下门店流失用户的诉求整理

用户到实体店选购商品，舍弃了网上购物的便利，更多地是想通过真实的购物体验买到合适的产品。

一般情况下，用户到实体店购物的原因有四种：①想要购买的商品比较特殊，网上不容易买到合适的；②想要购买的商品比较急迫，等不及网上下单配送；③对想要购买的商品非常看重，想在实体店精心选择；④某段时间比较闲，就想逛一逛。

不同的原因对应着不同的诉求：第一种情况的用户对产品的特性价值诉求最大，希望能有产品满足自己的需求；第二种情况的用户对所要产品已经明确，只对于是否现货的诉求最大；第三种情况的用户对产品的整体品质诉求最大，希望在实体店挑选到最合适的；第四种情况的用户对产品的诉求并不强烈，但对于购物的过程有诉求，希望能体验一次愉快的购物经历。

不同的诉求对应着不同的用户流失状况：第一种情况如果不能满足用户对特定产品的需求，就会流失用户，但这种流失是暂时的，下一次用户不需要特定产品时，可能会再回来；第二种情况如果不能满足用户想要立即买到商品的需求，就会流失用户，这种流失也是暂时的；第三种情况如果不能满足用户对产品整体品质的需要，就会流失用户，且这种流失可能是长期甚至是永久的，毕竟在用户心中留下“这家东西一般”的印象是很难扭转的；第四种情况如果不能让用户有愉快的挑选过程，可能会长期流失用户，毕竟用户在挑选商品的过程中感受到压迫感是很不好的经历。

不同的用户流失状况对应着不同的用户召回策略：第一种和第二种情况的用户流失，不用太多担心，属于特定场景的流失，用户很大可能会在常规场景下回归；第三种情况的用户流失须得到重视，对产品品类和质量进行调整优化，并向用户推出相关产品推送，让更多用户因对产品的兴趣而回归；第四种情况的用户流失同样需要重视，重点改善服务流程，给予用户宽松自主的挑选环境，只在必要时进行产品介绍。

上述仅是根据行业分类举的一些例子，不同行业需要确定不同的用户诉求，进而分析出用户流失的根本原因，再制定相应的用户召回策略。